Jürgen Manemann

Der Dschihad und der Nihilismus des Westens

X T E X T E

X T E X T E

Das vermeintliche »Ende der Geschichte« hat sich längst vielmehr als ein Ende der Gewissheiten entpuppt. Mehr denn je stellt sich nicht nur die Frage nach der jeweiligen »Generation X«. Jenseits solcher populären Figuren ist auch die Wissenschaft gefordert, ihren Beitrag zu einer anspruchsvollen Zeitdiagnose zu leisten. Die Reihe X-TEXTE widmet sich dieser Aufgabe und bietet ein Forum für ein Denken ›für und wider die Zeit‹. Die hier versammelten Essays dechiffrieren unsere Gegenwart jenseits vereinfachender Formeln und Orakel. Sie verbinden sensible Beobachtungen mit scharfer Analyse und präsentieren beides in einer angenehm lesbaren Form.

Denken für und wider die Zeit

Jürgen Manemann (Prof. Dr.) ist Direktor des Forschungsinstituts für Philosophie Hannover. Seine Arbeitsschwerpunkte sind neben Fragen der Umweltphilosophie, neue Demokratie- und Politiktheorien, die Verhältnisbestimmung von Religion und Politik und Wirtschaftsanthropologie. Bei transcript erschienen: »Kritik des Anthropozäns. Plädoyer für eine neue Humanökologie« (2014).

Jürgen Manemann

Der Dschihad und der Nihilismus des Westens

Warum ziehen junge Europäer in den Krieg?

[transcript]

Bibliografische Information der Deutschen Nationalbibliothek
Die Deutsche Nationalbibliothek verzeichnet diese Publikation in der Deutschen Nationalbibliografie; detaillierte bibliografische Daten sind im Internet über http://dnb.d-nb.de abrufbar.

Umschlaggestaltung: Kordula Röckenhaus, Bielefeld
Korrektorat: Jessica Wawrzyniak, Bielefeld
Satz: Justine Haida, Bielefeld
Printed in Germany
Print-ISBN 978-3-8376-3324-5
PDF-ISBN 978-3-8394-3324-9

Gedruckt auf alterungsbeständigem Papier mit chlorfrei gebleichtem Zellstoff.
Besuchen Sie uns im Internet: *http://www.transcript-verlag.de*
Bitte fordern Sie unser Gesamtverzeichnis und andere Broschüren an unter: *info@transcript-verlag.de*

Inhalt

Etwas läuft schief

Willkommen in meiner Welt voll Hass und Blut
Ich schreibe Zeilen für meine Kinder und das mit Blut
In einer Welt, wo man nicht mehr weiß was der nächste Tag bringt
Kinderseelen wein' leise, wenn der Schwarze Engel singt
[...]
Es ist früh, um halb neun als meine Augen aufgeh'n
durch den Ersan aus meinem Handy und mir kommen wieder Trän'
mein Leben ist ein Chaos, jeden Tag wenn ich aufsteh'
verrichte mein Gebet jeden Tag bevor ich rausgeh'
packe meine Beats ein, packe meine Texte ein,
nimm das Brot für die Tauben, Bismillah vor jedem Reim
Ich lauf die Straße runter bis zum Kottbusser Tor
Setz mich auf die Bank und fütter die Tauben und denke Hardcore
ist das Leben das ich früher lebte,
jeder Tag ist ein Test,
ich hab die Nase voll von dem ganzen Stress
ich bin alleine draußen ohne meine Kinder
mein Herz ist eiskalt geworden wie der schlimmste Winter
auf dem Weg zur U-Bahn seh' ich, dass die Linde starb,
Chuckys mit toten Augen schrein' »Zur Hölle mit diesem Staat«
Und ich scheiß auf diese Welt, denn es dreht sich nur ums Geld
Deso Dogg der Schwarze Engel fällt, willkommen in meiner Welt
[...]
Es ist fatal, wie das Leben manchmal seine Runden dreht
zum Bereu'n ist es zu spät, wenn der Tod vor mir steht
Darum sitz' ich hier im Studio und ich beicht' auf den Track

Bitte Allah verzeih mir meine Sünden, zieh mich aus dem Dreck
Ich bin verzweifelt, jeden Tag auf der Suche nach dem Paradies
ich wünschte mir den Tod, denn mein Leben war mies
ich hab Familie verlor'n, habe Liebe verlor'n
habe Brüder verlor'n, ich wünschte ich wär nicht gebor'n
Das ist Naseeb und ich hoffe, dass ich dort auch bleibe,
In jeden meiner Schritte, meiner Taten und auch meiner Reime
es ist dunkel geworden als ich ausm Studio komm'
ich hab vergessen zu essen und mein Kopf ist gebongt
ich seh ein sternklaren Himmel und 'ne Sternschnuppe fallen,
flüster leise zu Allah »Bitte lass mich nicht fallen«
Ich will nur noch gutes tun auf meinem Weg bis es klappt
Mit offnen Händen fall ich auf die Knie und flüster »Bismillah«

Willkommen in meiner Welt voll Hass und Blut
Ich schreibe Zeilen für meine Kinder und das mit Blut
In einer Welt, wo man nicht mehr weiß was der nächste Tag bringt
Kinderseelen wein' leise, wenn der Schwarze Engel singt
[...]

Autor dieser Zeilen ist der Ex-Rapper Denis Cuspert, vormals bekannt als Deso Dogg. Cuspert wurde 1975 in Berlin geboren und wuchs bei seiner Mutter auf. Sein Vater stammt aus Ghana und wurde Cusperts Aussagen zufolge aus Deutschland abgeschoben.[1] Cuspert wurde früh kriminell. Zum Islam konvertierte er bereits als Jugendlicher.[2] Im Gefängnis fand er immer wieder Halt im Glauben und in der Rap-Musik. Schließlich fing er an, Gangsta-Rap zu produzieren. Damit schien sich die Situation für ihn zum Besse-

1 | Berliner Verfassungsschutz, Denis Cuspert. Eine jihadistische Karriere. Lageanalyse, Berlin 2014, 7.

2 | Vgl. M. Ata, Der Teufel reitet uns Bruder, in: Frankfurter Allgemeine Zeitung v. 02.12.2014.

ren zu wenden. Sein Traum war eine Musikerkarriere.[3] Der große Durchbruch blieb allerdings aus, stattdessen erlebte er persönliche Krisen, zudem traten gesundheitliche Probleme auf. Rassistische Erfahrungen gehörten zu seinem Alltag: »In einer weißen Welt voll Hass und Illusion//War die letzte Option nur Gewalt und Emotion« – so lautet eine Verszeile aus seinem Song »Wer hat Angst vorm schwarzen Mann« aus dem Jahr 2006.[4] Ab 2007 fing Cuspert an, sich als gläubiger Muslim in der Öffentlichkeit zu präsentieren.[5] Seit 2010 lassen sich Kontakte zur Szene der Salafisten nachweisen.[6]

Cusperts Leben war nicht ohne Erfolge. Sein Lied »Willkommen in meiner Welt« (2006) bildete immerhin das musikalische Leitmotiv des Films »Zivilcourage« (2010). Zu seiner Radikalisierung trugen sicherlich seine Diskriminierungserfahrungen bei, definitiv aber seine Mitgliedschaft in der Salafistenszene, für die es charakteristisch ist, Mitglieder mit ihrer ganzen Persönlichkeit in Anspruch zu nehmen.[7] Schließlich avancierte er in dieser Szene zum Dschihad-Salafisten[8] und reiste 2012 nach Ägypten. Von dort rief er dazu auf, den Dschihad nach Deutschland zu tragen.[9] Über Libyen gelangte Cuspert 2013 nach Syrien.[10] Anfang 2014 leistete er den Treueeid auf Abu Bakr al-Baghdadi, den Anführer der terroristischen Organisation ISIG (Islamischer Staat Irak und Großsyrien).[11]

Wie kommt jemand, der noch 2006 den Wunsch hegte, Gutes zu tun, dazu, unter dem Namen Abu Talha al-Almani in den Dschihad zu ziehen, Menschen die Köpfe abzuschneiden, Leichen zu schän-

3 | Vgl. S. Lambert, New York in Berlin: Deso Dogg aus Kreuzberg kriminell – jetzt kämpft er um seine Zukunft, in: Berliner Zeitung v. 27.06.2004.

4 | Vgl. dazu: Berliner Verfassungsschutz, a.a.O., 8.

5 | Vgl. ebd., 9.

6 | Vgl. ebd., 12.

7 | Vgl. ebd., 5.

8 | Vgl. ebd., 15.

9 | Vgl. ebd., 17/18.

10 | Vgl. ebd., 18/19.

11 | Vgl. ebd., 21/22.

den und zu Attentaten in Deutschland aufzurufen? »In Frankreich folgten Taten, die deutschen Schläfer warten«[12] – so singt er heute, zwar nicht mehr im Rap-Stil, sondern im Kampf-Naschid.

Der Berliner Verfassungsschutz kommt zu folgendem Ergebnis:

»Im Sommer 2014 schließt sich im Leben Cusperts offenbar ein Kreis: Der einstmals haltlose Junge aus wohl schwierigen Verhältnissen hatte sich in seiner Jugend und seinem jungen Erwachsenenalter eine Lebensform gegeben, in der Gewalt- und andere Straftaten Ausdruck eines Lebensweges waren, der wohl weder Form noch Ziel hatte. Aus seiner ersten ›Karriere‹ als ›Gangsta-Rapper‹ bildete die Musik wohl die Brücke zum salafistischen Milieu und seiner Radikalisierung. An deren Ende ist er das deutschsprachige Aushängeschild des ›Islamischen Staates‹, das durch Gewalt sowie brutale Sprache und Bilder andere Jihadisten anlockt. Gewalt gegen Menschen, bis hin zu Leichenschändungen, ist offenbar weiterhin ein fester Teil seines Lebens. Er versucht lediglich, seinen Taten heute durch die jihad-salafistische Ideologie eine vermeintlich religiöse Legitimation zu geben.«[13]

Für den Verfassungsschutz ist klar: Am Anfang stand eine Broken-Home-Situation mit der dazugehörenden Orientierungslosigkeit. Vom Gangsta-Rapper war es dann nicht mehr weit bis zum Dschihadisten. Diese Interpretation übersieht jedoch das Entscheidende: Im Gangsta-Rap besitzen nicht nur diejenigen Credibility, die eine Street-Credibility haben, man muss auch erfolgreich sein. Wer keinen Erfolg hat, ist ein Loser. Im Blick auf diese Zusammenhänge schlägt der Spiegel-Journalist Tobias Rapp eine andere Interpretation vor: Deso Dogg wurde Islamist, weil ihm dadurch die Möglichkeit geboten wurde, dem Losersein zu entkommen. So konnte er ohne Gesichtsverlust diese Szene verlassen, da ja Gott selbst es ge-

12 | Denis Cuspert zit. n.: Sydow, C., Hassvideo: IS-Kämpfer Cuspert droht mit Anschlägen von Schläfern in Deutschland, in: www.spiegel.de/politik/ausland/deso-dogg-denis-cuspert-droht-mit-anschlaegen-des-is-in-deutschland-a-1028638.html (letztes Zugriffsdatum: 04.08.2015).

13 | Vgl. dazu: ebd., 24/25.

wesen sei, der ihn gerufen habe.[14] Rapp gibt damit einen Hinweis auf ein Problem, das in der Studie des Berliner Verfassungsschutzes nicht auftaucht: Narzissmus. Wer Cuspert verstehen will, muss sich auch mit seinem Narzissmus auseinandersetzen. Bekanntlich gründet pathologischer Narzissmus in einem ausgeprägten Mangel an Selbstwertgefühl. Narzissmus kann sich mit Nihilismus paaren, »einer destruktiven Einstellung zum Leben, in der Bereitschaft, sein Leben wegzuwerfen, weil man nicht fähig ist, es zu lieben«[15]. Die Unfähigkeit, zu lieben, geht mit einem Selbstmitleid einher, wie es auch Ausdruck in dem Lied »Willkommen in meiner Welt« findet:

> Es ist früh, um halb neun als meine Augen aufgeh'n
> durch den Ersan aus meinem Handy und mir kommen wieder Trän'.

Ersan wird wohl der Name seines Kindes sein. Die Stimme des Kindes als Klingelton rührt Deso Dogg zu Tränen. Aber warum hört er sein Kind nur über das Handy? Warum ist er als Vater nicht an der Seite seines Kindes? Sicherlich, das Sorgerecht für sein erstes Kind wurde ihm entzogen. Wie er selbst, musste nun auch sein eigenes Kind vaterlos aufwachsen. Diese Situation hat ihn vermutlich hart getroffen.[16] Dennoch kommt in diesen Zeilen auch narzisstisches Selbstmitleid zum Ausdruck.

Deso Dogg scheint bindungslos. Unfähig, sich und andere zu lieben, verwundert es nicht, dass so jemand den Eindruck hat, von Feinden umgeben zu sein.[17] Derartige Charaktere »suchen [...] einen Sinn im Leben, indem sie sich Autoritäten unterwerfen, die ihnen

14 | Vgl. T. Rapp, in: Vom Gangsta-Rapper zum Islamisten: Die Karriere des Deso Dogg, Spiegel-TV v. 13.12.2014.

15 | E. Fromm, Die Kunst des Liebens, München 1980, 139.

16 | Vgl. M. Ata, a.a.O.

17 | Vgl. A. Gruen, Wider den Terrorismus, Stuttgart 2015, 9.

versprechen, sie aus ihren Ohnmachtserfahrungen durch Gewalt zu retten«[18].

Der Psychoanalytiker Erich Fromm hat darauf hingewiesen, »dass die Liebesfähigkeit eines in einer bestimmten Kultur lebenden Menschen von dem Einfluß abhängt, den diese Kultur auf den Charakter des Durchschnittsbürgers ausübt«[19]. Deshalb muss gefragt werden, »ob die Gesellschaftsstruktur der westlichen Zivilisation und der aus ihr resultierende Geist der Entwicklung von Liebe förderlich ist«[20]. Bereits hier zeigt sich: Eine Gesellschaft, die ein Interesse daran hat, herauszufinden, was Menschen am Dschihadismus fasziniert, muss auch den Blick in den eigenen Spiegel wagen.

In seinem Artikel über den 19-jährigen österreichischen Dschihadisten namens Firas H. endet der Journalist und Schriftsteller Robert Misik mit den Worten: »Etwas läuft auf verdammt bescheuerte Art schief, gleich hier, vor der Tür, was man gar nicht richtig mitbekommt oder wenn, eben nur so irgendwie. Halb vom Hinsehen, halb vom Wegsehen.«[21] Nichts verdeutlicht dieses Schieflaufen so sehr wie die Faszination, die der Dschihad auf immer mehr junge Menschen, Männer und Frauen, Jungen und Mädchen, in westlichen Gesellschaften ausübt. Firas' Eltern stammen aus Tunesien. Sie bezeichnen sich selbst als moderne Muslime. Der Sohn galt als ein friedliebender Mensch. Im Alter von ca. zwölf Jahren schrieb er: »Mein Wunsch: Dass es keinen Krieg auf der Welt gibt.«[22] Firas hatte eine Zukunft vor sich. Er war auf dem Weg zum Abitur. Mit 16 Jahren änderte er sich, ging in Moscheen, »recherchierte im Internet zum Islam«[23]. Misik fasst zusammen: »Er führte ein normales Leben, in einer normalen Familie, in einer normalen Umgebung, in

18 | Ebd.

19 | E. Fromm, a.a.O., 95.

20 | Ebd.

21 | R. Misik, Dschihadisten als Pop und Protestkultur. Wie wir Firas verloren haben, in: Tageszeitung v. 29.03.2015.

22 | R. Misik, a.a.O.

23 | Ebd.

einer normalen Schule. Seine Freunde waren Österreicher, Türken, Kroaten. Aber irgendwann nahm er eine Abzweigung.«[24] Wahrscheinlich hat er – trotz aller Normalität – auch Diskriminierungserfahrungen aushalten müssen, sein Interesse am Dschihad wird auch mit dem Phänomen »Pop-Dschihad« zu tun haben, mit der Pubertät, auch mit einem Vater, der in seinen Augen ein Schwächling war, einer, der sich mit der Minderheitenrolle abgefunden hatte.[25] Der Dschihad bot sich ihm als Alternative, »als brutale Gegenkultur«[26]. Ja, so scheint es wohl gewesen zu sein und dennoch: »Das Irre ist: Man kann das alles ganz leicht verstehen. Und es ist dennoch verrückt.«[27]

Verrückt ist auch, dass Yassin Chouka in den Dschihad gezogen ist. Chouka wurde in Bonn geboren. Er galt von klein an als ein unbeschwerter, freundlicher, begeisterungsfähiger Junge.[28] In seiner Grundschulzeit hatte er den Ruf, »ein hilfsbereiter, engagierter, netter Klassenkamerad«[29] zu sein. Yassin war darüber hinaus ein guter Fußballspieler. Ihm war auch bekannt, was Menschen einander antun können: »Die Abiturfahrt macht Yassin nach Polen, auf dem Programm stand auch ein Besuch der Gedenkstätte Auschwitz. Yassin verhielt sich dort angemessen und richtig – dass er später als Islamist auch zum Hass gegen Juden aufrufen würde, ahnte noch niemand.«[30] Erste Kontakte zu islamistischen Zirkeln erhielt er über seinen Bruder Monir.[31] Es war der Beginn seiner Auswanderung aus der bisherigen sozialen Umwelt in eine neue.[32]

24 | Ebd.

25 | Vgl. ebd.

26 | Ebd.

27 | Ebd.

28 | Vgl. R. Clement/P.E. Jöris, Die Terroristen von nebenan. Gotteskrieger aus Deutschland, München 2010, 153/154.

29 | Ebd., 155.

30 | Ebd., 156/157.

31 | Vgl. ebd., 161/162.

32 | Vgl. ebd., 164/165.

Die Begeisterung für den Dschihad entsteht nicht am Rande der Gesellschaft, sondern in ihrer Mitte. Laut dem Bundesamt für Verfassungsschutz, dem BKA und dem Hessischen Informations- und Kompetenzzentrum gegen Extremismus beläuft sich die Zahl in Deutschland auf 740. Davon wurden 670 Fälle analysiert: »Bei der Hälfte [...] sagen die Behörden, [...] dass sie sich islamistisch-dschihadistischen Gruppen angeschlossen haben, wobei der Islamische Staat mit 78 Prozent wiederum den stärksten Zulauf hat. [...] die Frauen machen inzwischen 21 Prozent aus.«[33] Vor Kurzem versuchte ein 13-jähriger Münchner zum IS zu gelangen.[34] In den Medien werden immer wieder die Begriffe »Terror-Tourismus« und »Dschihad-Tourismus« gebraucht. Diese etwas reißerisch klingenden Formulierungen verkennen, dass die jungen Menschen keineswegs eine zeitlich begrenzte Reise in den Dschihad anstreben, sondern den Dschihad als ihre Lebensaufgabe sehen. Ein eindeutiger Trend kann zurzeit für Deutschland nicht ausgemacht werden. In Belgien und Großbritannien scheint die Zahl der Ausreisenden jedoch abzunehmen.[35]

Nun ist diese Faszination für den Dschihad nicht erst mit dem IS aufgekommen. Bereits 2009 machte eine Gruppe mit dem Namen »Die Deutschen Taliban Mudschahedin« von sich reden.[36] Ihr wohl bekanntestes Mitglied hierzulande war Eric Breininger.[37] Geboren 1987, verbringt Breininger eine durchschnittliche Kinder- und Jugendzeit. Die Schulzeit verläuft ohne große Probleme trotz

33 | G. Mascolo, Klug, kriminell, großer Freundeskreis, in: Süddeutsche Zeitung v. 24.09.2015.

34 | Jugendlicher aus München: 13-Jähriger wollte zum IS nach Syrien, in: www.spiegel.de/politik/deutschland/muenchen13jaehrigerwollteiskaempferwerdena1045914.html (letztes Zugriffsdatum: 04.08.2015).

35 | Vgl. G. Mascolo, a.a.O.

36 | Vgl. dazu: I. Peci/J. Gunst/O. Schröm, Der Dschihadist. Terror made in Germany – Bericht aus einer dunklen Welt, München 2015, 227-229.

37 | Vgl. zu den folgenden Zitaten und Informationen: P. Lichterbeck, Der Dschihadist aus Deutschland, in: Der Tagesspiegel v. 20.10.2008.

der Scheidung der Eltern. Im Fußball ist er sogar relativ erfolgreich. In der Pubertät lässt das Interesse am Fußball nach: »Breininger lässt sich treiben [...].« Seine Schwester beschreibt ihn als »aufgeweckt und lebensfroh« und sozial eingebunden, weist aber auch auf seinen labilen Charakter hin. Ein ehemaliger Bekannter behauptet allerdings, dass man ihn in der Schule fertiggemacht habe.

Breininger möchte Industriekaufmann werden. Neben der Schule arbeitet er in einem Paketunternehmen. Hier lernt er einen radikalen Muslim kennen. Rückblickend scheint das der Wendepunkt gewesen zu sein. Es folgen Kontakte zu einer Gruppe muslimischer Extremisten in Neunkirchen. In diesem Zusammenhang lernt er auch Daniel Schneider, Mitglied der Sauerland-Gruppe, kennen. Verblüffend ist »die Geschwindigkeit des Wandels«. Ermittler sprechen von einer »Konversion im Zeitraffer«.

Eines zeigen die hier genannten Fälle: »Dschihad« ist kein Virus, das von außen in westliche Gesellschaften eindringt und Menschen befällt.

I. Vier Deutungsmuster der dschihadistischen Gewalt

Blickt man auf die Debatte über die dschihadistische Gewalt, so lassen sich idealtypisch vier Deutungsmuster herausfiltern: Diabolisierungen, Religionisierungen, Soziologisierungen und Ethisierungen.

1. Diabolisierung

In einem Fernsehinterview, aufgenommen in Mossul, prophezeit der deutsche Dschihadist Christian Emde, alias Abu Qatadah, den Sieg des Islamischen Staates (IS): »Wir gewinnen durch die Furcht im Herzen unserer Feinde.«[1] Um diese Furcht im Herzen zu wecken, müsse man weiter fortfahren, Menschen zu köpfen. Im Plauderton spricht er davon, dass diejenigen, die sich nicht bekehren würden, sterben müssten. Das gelte vor allem für die Schiiten: »Ob 100 Millionen, 150 Millionen oder 500 Millionen – uns ist die Anzahl egal.«[2] Emde stammt aus Solingen und war, bevor er 2003 zum

1 | Deutsch-Dschihadist im Interview mit Jürgen Todenhöfer: »Werden weiter Menschen köpfen«, in: http://web.de/magazine/politik/deutschdschihadistinterviewjuergentodenhoefermenschenkoepfen30361734 (letztes Zugriffsdatum: 26.04.2015).

2 | Ebd.

Islam konvertierte, protestantischer Christ.[3] Der Journalist Jürgen Todenhöfer, der diverse Gespräche mit Dschihadisten führte, beschreibt ihn als den »intellektuell und ideologisch versierteste[n] Gesprächspartner. Seine geschichtlichen Kenntnisse sind umfassend. Seine Antworten sind gnadenlos und schneidend. Er hat in der Medienabteilung des IS offenbar eine offizielle Funktion [...].«[4]

Wie könnte man angesichts eines solchen Interviews, der Berichte Entkommener und der Enthauptungsvideos, vor allem praktiziert von europäischen Dschihadisten, die als besonders grausam gelten, die Dschihadisten nicht als das personifizierte Böse, eine Ausgeburt des Teufels betrachten? Dass so etwas noch möglich ist im 21. Jahrhundert, das erfüllt zu Recht mit Abscheu. Die Taten des IS stellen einen Zivilisationsbruch dar.

Die Diabolisierung ist der Versuch, den Schrecken dadurch zu bannen, dass man ihm einen Namen gibt: das Böse. Überdies stärkt sie das Verantwortungsempfinden für die vom dschihadistischen Völkermord bedrohten Menschen. Aber die Diabolisierung hat auch ihren Preis. Sie bietet keine Analyse. Wer diabolisiert, bewegt sich im Tautologischen, da von den bösen Taten auf die Bösartigkeit der Menschen geschlossen wird. Die Dschihadisten, so die Argumentation, vollbringen böse Handlungen, weil sie böse sind, also um des Bösen willen. Verweilt man auf dieser Ebene, dann wird man sich schwer tun, eine Erklärung dafür zu finden, warum denn so viele gewöhnliche Menschen zu bösen Menschen werden.

Die Diabolisierung besitzt kein selbstkritisches Potenzial. Im Gegenteil. Im Zuge der Diabolisierung avanciert der Begriff »Dschihadist« zu einem »Ordnungsbegriff des Sozialen« (R. Koselleck). Indem die Dschihadisten als die Bösen par excellence betrachtet werden, wird eine Grenze gezogen: zwischen den Einen und den Anderen, zwischen den Zivilisierten und den Barbaren, den Freunden und den Feinden. Durch solche Grenzziehungen werden be-

3 | Vgl. J. Todenhöfer, Inside IS – 10 Tage im »Islamischen Staat«, München [3]2015, 72/73.

4 | Ebd., 72.

stehende gesellschaftliche Strukturen verfestigt und gleichzeitig legitimiert. Wer derart diabolisiert, der externalisiert. So gerät jedoch die Erkenntnis aus dem Blickfeld, dass die bestialischsten Dschihadisten aus Europa zu kommen scheinen. Diese sind in der westlichen Gesellschaft aufgewachsen und wurden hier anfällig für die Barbarei. Die Diabolisierung blockt die Frage ab, ob es sich bei der dschihadistischen Gewalt um eine Barbarei handelt, die auch ein Produkt jener Zivilisation ist, die jetzt von ihr bedroht wird.

Die strikte Trennung zwischen den Zivilisierten auf der einen und den Nichtzivilisierten auf der anderen Seite verleitet darüber hinaus dazu, den Dschihadismus als etwas Vormodernes, Mittelalterliches zu charakterisieren, das mit der Moderne nichts zu tun hat. Ein solcher Blick auf den Dschihadismus verkennt, dass dieser erst in der Moderne entstanden ist und als eine ihrer Pathologien betrachtet werden muss.

Der Ort der Diabolisierung ist in erster Linie das politische Feld. Diabolisierung trägt unvermeidlich Züge der Exkulpation: Die Bösen, das sind immer die anderen. Die Externalisierung des Bösen im Prozess der Diabolisierung kann so weit gehen, dass die Täter sogar aus dem Kreis der Menschen ausgeschlossen werden. Dennoch sollte nicht auf die Rede vom Bösen verzichtet werden. Die Philosophin Susan Neiman hat darauf hingewiesen, dass wir, wenn wir vom Bösen sprechen, dies immer in einem bestimmten Zusammenhang tun: »Jedesmal wenn wir meinen, *das hätte nicht passieren sollen,* betreten wir einen Weg, der unmittelbar zum Problem des Bösen führt.«[5] Mit »dem Bösen« wird die Erfahrung eines Bruches bezeichnet: »Etwas als *böse* zu bezeichnen, ist eine Weise, die Tatsache zum Ausdruck zu bringen, daß es unser Vertrauen in die Welt erschüttert [...].«[6] Nicht zuletzt steckt in der Diabolisierung eine Handlungsressource, auf die nicht verzichtet werden sollte.

5 | S. Neiman, Das Böse denken. Eine andere Geschichte der Philosophie, Frankfurt 2006, 28/29, Hervorhebung im Original.

6 | Ebd., 35, Hervorhebung im Original.

2. Religionisierung

Dschihadismus ist Islamismus. Islamismus ist aber kein klar definierter Begriff. In einem weiten Sinn bezeichnet er »Bestrebungen zur Umgestaltung von Gesellschaft, Kultur, Staat oder Politik anhand von Werten und Normen, die als islamisch angesehen werden«[7]. Es gibt keinen Islamismus ohne Islam. Ergo gibt es auch keinen Dschihadismus ohne Islam. Diese Herleitung dient nun häufig als Nachweis dafür, dass die Gewalt, die sich im Dschihadismus offenbart, religiös sei. Prominentes Beispiel hierfür ist der bekannte Artikel »What ISIS really wants« von Graeme Wood.[8] Woods These lautet: »The reality is that the Islamic State is Islamic. *Very* Islamic. Yes, it has attracted psychopaths and adventure seekers, drawn largely from the disaffected populations of the Middle East and Europe. But the religion preached by its most ardent followers derives from coherent and even learned interpretations of Islam.«[9]

Wer die im Dschihadismus auf Massenvernichtung ausgerichtete Gewalt religionisiert, weist oft auf einen kausalen Nexus zwischen Gewalt und Religion im Allgemeinen und zwischen Gewalt und Islam im Besonderen hin. In derartigen Zusammenhängen taucht dann auch sehr schnell die Frage auf, ob es überhaupt jemals gelingen könne, die dem Islam inhärente Gewalt zu rationalisieren. Der Dschihadismus scheint der Beweis dafür zu sein, dass mit Allah alles erlaubt und möglich sei, sogar die Vernichtung tausender Menschen. Im Zusammenhang solcher Erklärungen wird hier und da auch der (alte) Vorwurf laut, dass es sich bei diesen Gewalttaten um Auswüchse eines religiösen Wahns handele, den es zu allen Zeiten gegeben habe, der aber nicht nur im Islam, sondern letztlich in

---

7 | T. Seidensticker, Islamismus. Geschichte, Vordenker, Organisationen, München [2]2014, 9.

8 | Vgl. G. Wood, What ISIS really wants, in: www.theatlantic.com/features/archive/2015/02/what-isis-really-wants/384980 (letztes Zugriffsdatum: 11.08.2015).

9 | Ebd., Hervorhebung im Original.

allen drei monotheistischen Offenbarungsreligionen grundgelegt sei. So gesehen, scheint es nicht verwunderlich, dass Abu Mus'ab al-Zarqawi 2003 eine Terrorgruppe mit dem Namen »Monotheismus und Jihad« gründete, die sich später al-Qaida anschloss.[10]

In der Tat, der Islam bietet einen Vorrat an Symbolen und Begriffen, die zur Legitimierung und Verschärfung des Konflikts eingesetzt werden. Aber welchen Stellenwert nimmt er im Denken und Leben der Dschihadisten tatsächlich ein? Wissen über den Islam ist bei den europäischen Dschihadisten, wenn überhaupt, nur spärlich vorhanden. In einer Zeitungsmeldung heißt es: »Zwei Männer aus Birmingham, die im Mai als Kämpfer nach Syrien gegangen sind, hatten sich vorher im Internet noch schnell ein Buch bestellt: ›Islam für Dummies‹.«[11] Die muslimische Religionspädagogin Lamya Kaddor, die persönlich Jugendliche kennt, die in den Dschihad gezogen sind, macht auf ein in den Medien immer wieder gezeigtes Bild aufmerksam: »Man sieht nur den Unterarm eines jungen Mannes, der demonstrativ vor die Kameralinse gehalten wird. Auf dem Arm ist das Wort Dschihad tätowiert. Jeder halbwegs gläubige Muslim weiß, dass Tattoos im Islam wenn nicht verboten, so doch absolut verpönt sind. Indem sich dieser junge Salafist auf dem Foto tätowieren ließ, machte er unfreiwillig deutlich, wie wenig Ahnung er von der Religion hat, beziehungsweise wie wenig es ihm um Religion geht.«[12] Allein schon das Verständnis des Dschihad als sechste Säule des Islam steht in Spannung zu der Lehre von den fünf Säulen: Glaubensbekenntnis, Gebet, Almosen, Fasten, Pilgerreise.

In der Gesamtargumentation der Dschihadisten spielt gerade im Blick auf Selbstmordattentate die Hoffnung auf das Paradies eine Rolle. Aber diese Hoffnung wird selten an erster Stelle ge-

---

10 | Vgl. zu dieser Organisation: B.T. Said, Islamischer Staat. IS-Miliz, al-Qaida und die deutschen Brigaden, München ^{3}2014, 42.

11 | C. Zaschke, Was motiviert die neuen Terroristen, in: Süddeutsche Zeitung v. 30./31.08.2014.

12 | L. Kaddor, Zum Töten bereit. Warum deutsche Jugendliche in den Dschihad ziehen, München/Berlin ^{2}2015, 50/51.

nannt, wenn Dschihadisten über eigene Motivationen zum Kampf sprechen. Den politischen Argumenten kommt eine höhere Priorität zu als den religiösen.[13] Ganz deutlich zeigt sich dies auch, wenn man das Strategie-Handbuch »The Management of Savagery« zur Hand nimmt, das vom ehemaligen Cheftheoretiker von al-Qaida, Abu Bakr Naji, verfasst wurde.[14] Bestätigt wird die Nachrangigkeit der Bedeutung der Religion ebenso durch die Berichte der Sauerland-Attentäter über ihre Zeit im Ausbildungslager in Wasiristan. Sie geben zu Protokoll, dass die religiöse Unterweisung im Trainingsalltag wenig Raum eingenommen hätte.[15]

Insbesondere der Blick auf die Profile europäischer Dschihadisten zeigt, dass der Religion im Dschihadismus keine Hauptrolle zukommt. So hat etwa das französische Präventionszentrum *Centre de Prévention contre les dérives sectaires liées à l'Islam* folgendes Profil typischer Dschihad-Kandidaten erstellt: »Die meisten sind zwischen 18 und 21 Jahre alt (43,3 Prozent), fast zwei Drittel von ihnen (63,3 Prozent) wuchsen in atheistischen Elternhäusern auf. In einer jüngeren Studie sind acht von zehn Gotteskriegern Kinder aus atheistischen Elternhäusern, zwei Drittel [...] stammen aus Mittelschichtsfamilien.«[16] Viele Dschihadisten sind in Familien aufgewachsen, die nicht fundamentalistisch geprägt sind; 20 Prozent von ihnen sind Konvertiten.[17]

Innerhalb Europas gibt es die »meisten Rekrutierungen [...] prozentual in Belgien. Dem IS sind zwei-, dreitausend Ägypter beige-

13 | Vgl. B.T. Said, a.a.O., 166.

14 | Vgl. Abu Bakr Naji, The Management of Savagery: The most critical stage through which the Umma will pass, John M. Olin Institute for Strategic Studies at Harvard University 2006. Siehe dazu: E. Sorg, Handbuch zum Weltuntergang, in: Frankfurter Allgemeine Sonntagszeitung v. 19.04.2015.

15 | Vgl. R. Clement/P.E. Jöris, a.a.O., 81.

16 | T. Avenarius/H. Leyendecker/A. Rühle/C. Wernicke, Euro-Dschihad, in: Süddeutsche Zeitung v. 12.01.2015.

17 | Vgl. H.-H. Bremer, Frankreich und der Dschihad, in: Der Tagesspiegel v. 20.11.2014.

treten, von 70 Millionen Muslimen. Aus Belgien gibt es 400, bei nur 400.000 Muslime.« Der Islamwissenschaftler Olivier Roy fasst die Erkenntnis dieser Statistik prägnant zusammen: »Das ist nicht der Nahe Osten, der sich da gegen den Westen erhebt.«[18]

Polizei und Verfassungsschutz in Deutschland kommen zu dem Schluss, dass es unmöglich ist, für Dschihadisten aus Deutschland ein typisches Profil zu erstellen.[19] Die Mehrheit der Dschihadisten ist männlich, in Deutschland geboren, besitzt die deutsche Staatsbürgerschaft und ist zwischen 21 und 25 Jahre alt. Die Hälfte von ihnen ist verheiratet, darunter befinden sich auch Väter mit Kindern. Ca. 17 Prozent der Dschihadisten sind Konvertiten.[20] »Den weitaus bekanntesten und spektakulärsten Fall einer Einbindung von Konvertiten in jihadistische Netzwerke in Deutschland stellt die sogenannte ›Sauerlandgruppe‹ dar.«[21] Eine Reihe von Dschihadisten hat eine kriminelle Vorgeschichte. Etwa ein Viertel ist sehr gut gebildet. Sie haben Abitur oder Fachhochschulreife, ein Teil von ihnen studiert.[22] 21 Prozent waren arbeitslos oder arbeiteten im Niedriglohnsektor.[23] Anzumerken ist, dass nur jeder vierte Dschihadist aus Deutschland über einen Schulabschluss verfügt.[24] Dem Islam

18 | O. Roy zit. n.: S. Vahabzadeh, Jugend ohne Gott, in: Süddeutsche Zeitung v. 29./30.11.2014.

19 | Die folgende Zusammenfassung der Erkenntnisse des Verfassungsschutzes beruht auf: G. Mascolo, a.a.O. und N. Busse, Arbeitslose und Straftäter ziehen in den heiligen Krieg, in: Frankfurter Allgemeine Zeitung v. 27.11.2014.

20 | Vgl. G. Mascolo, a.a.O.

21 | T. Klarić, Konvertiten als Jihadisten, in: Ministerium des Innern des Landes Brandenburg Pressestelle (Hg.), Islamistischer Extremismus, Konvertiten und Terrorismus. Bedrohungen im Wandel. Eine Veranstaltung des Verfassungsschutzes am 26. November 2009 in Potsdam, 34-41, 35.38.

22 | Vgl. G. Mascolo, a.a.O.

23 | Vgl. N. Busse, a.a.O.

24 | Diese Zahl wird durch die neueste Studie nicht widerlegt (vgl. Mascolo a.a.O.); Studie des Verfassungsschutzes. Dschihadisten aus Deutschland sind wenig gebildet, in: www.n24.de/n24/Nachrichten/Politik/d/5381614/

scheint in diesem Bericht keine bedeutende Rolle zugesprochen zu werden.[25] Erst in späteren Berichten deutscher Verfassungsschützer wird die Bedeutung des Salafismus hervorgehoben.[26] Gegenwärtig konzentrieren sich Verfassungsschutzbehörden in Deutschland bei der Ursachenanalyse stark auf den Salafismus, registrieren jedoch zunehmend, dass der Salafismus für die jungen Menschen mehr und anderes ist als Religion. Lamya Kaddor betont, dass die Faszination, die der Dschihad ausübt, nicht ein salafismusspezifisches Problem ist[27]: »Salafismus ist für die meisten Anhänger [...] vor allem [...] eine Jugendprotestbewegung, mehr jedenfalls als eine religiöse Erweckungsbewegung. Selbst die Verfassungsschutzbehörden sprechen inzwischen in diesem Zusammenhang von einem Trend zur ›Jugendkultur‹ und zu einem neuen ›Lifestyle‹.«[28] Zudem stellt Kaddor fest: »Mit der Beschreibung der Methoden und Umstände, die dazu führen, dass Jugendliche in den Salafismus geraten, ist noch nicht erklärt, weshalb diese Jugendlichen dann innerhalb kürzester Zeit auch extrem gewaltbereit sind, mehr noch: zum Töten bereit.«[29] Olivier Roy bringt es auf den Punkt: »Wir haben eine Kulturkrise [...].«[30] Kulturelle Bindungen schwinden.[31] Hier ist anzusetzen. Aus diesem Grund greifen Ansätze nicht tief genug, die mit dem Salafismus beginnen: »Wir glauben in Europa: Erst muss man Salafist werden, und dann wird man nach ein paar Jahren religiöser

dschihadistenausdeutschlandsindweniggebildet.html (letztes Zugriffsdatum: 05.08.2015).

25 | Da der Bericht nicht öffentlich zugänglich ist, bin ich hier auf die Informationen von Journalisten angewiesen, die den Bericht gelesen haben.

26 | Vgl. dazu: Extremistischer Salafismus als Jugendkultur. Sprache, Symbole und Style, Ministerium für Inneres und Kommunales des Landes Nordrhein-Westfalen, Düsseldorf 2015.

27 | Vgl. L. Kaddor, a.a.O., 42.

28 | Ebd., 46.

29 | Ebd., 78.

30 | O. Roy zit. n.: S. Vahabzadeh, a.a.O.

31 | Ebd.

Radikalisierung Dschihadist. So funktioniert das nicht. Der Beweis für das, was ich da sage, sind die Konvertiten: Die entscheiden sich nicht für den Dschihad, weil sie sich für den Salafismus entschieden haben. Dschihadistische Organisationen haben den höchsten Zulauf von Konvertiten, mehr als irgendeine andere muslimische Organisation.«[32] Das wird auch in den Öffentlichkeitskampagnen nicht wahrgenommen.[33]

Dudu Kücükgöl (Muslimische Jugend Österreich) zufolge zeigt die große Zahl von Konvertiten unter österreichischen Dschihadisten, dass ein religiöser Hintergrund zumindest bei diesen Personen gefehlt habe. Sie schlussfolgert aus dieser Erkenntnis, dass Religion nicht als Auslöser der Gewalt, sondern als Instrument ihrer Verhinderung zu betrachten sei.[34] Allerdings sollte an dieser Stelle kurz ergänzt werden, dass nicht nur der Islam, sondern dass alle Religionen immer auch feuergefährlich und explosiv gewesen sind und

32 | Ebd.

33 | Vgl. Extremistischer Salafismus als Jugendkultur. Sprache, Symbole und Style, Ministerium für Inneres und Kommunales des Landes Nordrhein-Westfalen, Düsseldorf 2015.

34 | N. Goldmann: Was Österreich gegen Dschihadismus tut, in: http://religion.orf.at/stories/2717611/ (letztes Zugriffsdatum: 08.08.2015). Dazu auch: T. Kraitt, Der Dschihad in Wien, in: https://www.falter.at/falter/2014/08/12/derdschihadinwien/ (letztes Zugriffsdatum: 08.08.2015). Aus Österreich sind ca. 220 junge Menschen in den Dschihad gezogen (vgl. N. Goldmann: Was Österreich gegen Dschihadismus tut, in: http://religion.orf.at/stories/2717611/ (letztes Zugriffsdatum: 08.08.2015). Für Österreich zeigt sich noch eine Besonderheit: der Anteil junger Tschetschenen unter den Dschihadisten. »Sie wachsen mit der Kriegserfahrung der Eltern in einem autoritären Milieu auf, das in der Schule auf westliche Werte trifft, und kommen damit nicht zurecht. Tschetschenen in Österreich lebten oft in einer geschlossenen Gesellschaft. Jeder kontrolliere den anderen, keiner verrate den anderen, man helfe und man frage nicht. Man habe Angst voreinander.« (E. Meinhart/C. Zöchling, Dschihadisten in Österreich: Was sie treibt. Was sie wollen, in: www.profil.at/oesterreich/dschihadisten-oesterreich-was-was-377556 [letztes Zugriffsdatum: 08.08.2015]).

es bleiben. Es reicht deshalb nicht aus, auf die Friedfertigkeit des Islam zu verweisen. Der Islam ist keine abstrakte Idee. Unterscheidungen und Differenzen im Koran können und werden immer wieder umgedeutet werden. Der Koran ist vielfältig. Es gibt schließlich nicht »den Islam«, sondern immer die konkrete Praxis der Gläubigen. Das heißt aber nicht, dass das als wahr gilt, was sich durchsetzt. Vielfältigkeit in den religösen Quellen darf nicht verwechselt werden mit Beliebigkeit. Es gibt im Islam einen hermeneutischen Schlüssel zum Verständnis der vielschichtigen Texte, und dieser heißt: Barmherzigkeit. Für alle Religionen gilt, dass sie Frieden stiften und fördern können, aber auch Krieg und Intoleranz. Wie eine Religion sich auswirkt, hängt immer auch davon ab, welche gesellschaftlichen, politischen und kulturellen Verbindungen sie eingeht.

Selbst wenn die Anzahl der Konvertiten unter den deutschen Dschihadisten nicht so groß ist, sollte sie Vertreter der Religionisierung zumindest skeptisch stimmen. Den Konvertiten kommt innerhalb des IS eine besondere strategische Funktion zu. Deshalb ist es auch nicht verwunderlich, dass sich Denis Cuspert in seinem Video-Aufruf zu Anschlägen in Deutschland nicht an gewaltbereite Muslime im Allgemeinen wendet, sondern an Konvertiten, was aus dem Umstand ersichtlich wird, dass in dem Clip ein Koran in deutscher Übersetzung angeboten wird – ein Unding für gläubige Muslime.[35] Die strategischen Gründe dafür, warum vorwiegend Konvertiten angesprochen werden, liegen auf der Hand:

»Europäische Konvertiten verfügen über ein unauffälliges westliches Aussehen, besitzen einen unverdächtigen Namen, kennen die Infrastruktur und Sprache ihres Heimatlandes und genießen auf Grund ihrer Staatsangehörigkeit und dem Besitz legaler Papiere eine größere Bewegungsfreiheit. Damit haben sie die Fähigkeit, sich in die Gesellschaft des ›Gegners‹ zu integrieren. Hinzu kommt der symbolische Wert einer Person, die sich von

35 | Vgl. C. Sydow, a.a.O.

den aus islamistischer Sicht unmoralischen Werten der westlichen Kultur abgewendet hat und der damit verbundene Propagandaeffekt.«[36]

Problematisch sind Versuche der Religionisierung dschihadistischer Gewalt jedoch vor allem deshalb, weil sie sich nolens volens an der Stilisierung der Gewalt zum »Heiligen Krieg« beteiligen, wie sie von den Dschihadisten betrieben wird, und dadurch deren Gewalt letztlich als Teil eines Krieges der Religionen aufwerten. Aus diesem Grund sollte auch nicht von »Gotteskriegern« gesprochen werden. Folgerichtig schreibt Jürgen Todenhöfer in seinem offenen Brief an den »Kalifen« des IS: »Eigentlich müssten Sie Ihre eroberten Gebiete in ›Antiislamischer Staat – AIS‹ umbenennen.«[37]

Die monokausale Religionisierung der Gräueltaten verdeckt die Perspektive, dass dem Dschihadismus, zumindest was seine Attraktivität in westlichen Gesellschaften ausmacht, auch andere, vielleicht sogar ganz andere Motive zugrunde liegen. Der frühere Dschihadist Irfan Peci[38] weist den Gedanken, sein Glaube sei Agens seines Handelns gewesen, zurück:

---

36 | T. Klarić, a.a.O., 37.

37 | J. Todenhöfer, a.a.O., 272.

38 | Irfan Peci, ehemals Dschihadist, später V-Mann, wurde 1991 in Bosnien geboren. Er war gerade zwei Jahre alt, da floh die Familie nach Deutschland. Die Integration der Familie verlief laut eigener Aussage ohne große Probleme. In der Schule gehörte Peci zum Durchschnitt. Probleme gab es erst seit der 5. Klasse. Ab der 7. Klasse besuchte er die Hauptschule. Sein islamisches Bewusstsein sei in der 8. Klasse durch ein Mädchen mit Kopftuch geweckt worden. Es sei fast wie eine Konversionserfahrung gewesen, so Peci. Über einen Cousin wurde er schließlich mit dem Salafismus bekannt; angeregt durch das Internet begann er, sich für al-Qaida zu interessieren. Peci wurde schließlich Chef der »Globalen Islamischen Medienfront«. Während eines Gefängnisaufenthaltes wurde er als V-Mann vom deutschen Verfassungsschutz angeworben (vgl. Peci/J. Gunst/O. Schröm, a.a.O., 17-70). Die Aufnahme in das Zeugenschutzprogramm war der Beginn, aus den Verstrickungen auszusteigen: Peci avancierte vom V-Mann zum Zeugen (vgl. ebd., 307-354).

»Ich bin immer noch gläubiger Moslem. Aber vieles, was ich früher gut fand, geht mir heute zu weit. Und wenn ich ganz ehrlich bin, dann war mein Glaube gar nicht der Hauptgrund dafür, Morddrohungen gegen Ungläubige auszustoßen, Terrorpropaganda zu verbreiten, für den Dschihad zu spenden und einen amerikanischen GI halb zu Tode zu treten. Es war etwas anderes. Ich wollte stark sein. Ich wollte Chef sein. Ich wollte der Langeweile entkommen.«[39]

Die Religionisierung der dschihadistischen Gewalt basiert vielfach auf monokausalen Herleitungen, die dualistische Sichtweisen fördern: hier die aufklärerische, säkulare Moderne, dort die demokratiefeindlichen monotheistischen Offenbarungsreligionen oder: hier der kriegslüsterne Islam, dort das friedliebende Christentum. Derartige binäre Oppositionierungen verhindern die Ursachenforschung. Und so warnt denn auch Christoph Reuter, IS-Experte, vor Versuchen der Religionisierungen dschihadistischer Gewalt: »Vor allem die Frage nach dem religiösen Kern verstellt den Blick auf den höchst facettenreichen Weg dieser Terrororganisation.«[40] Insbesondere verhindern sie es, moderne Elemente im Dschihadismus zu erkennen. Insgesamt gilt, was Lamya Kaddor schreibt: »Zur Gefahr wird der Glaube des Islam, wie übrigens jede Religion, erst dann, wenn seiner Ausübung soziale, politische oder psychische Krisen unmittelbar zugrunde liegen.«[41] Wenn hier so stark gegen die Religionisierung des Phänomens argumentiert wird, heißt das keineswegs, dass der Islam für Dschihadisten keinerlei Bedeutung hat. Die Kritik richtet sich sowohl gegen monokausale Herleitungen als auch gegen Erklärungsversuche, die in der Religion die primäre Motivationsquelle dschihadistischer Gewalt sehen.

---

39 | Ebd., 354.

40 | C. Reuter, Die schwarze Macht. Der »Islamische Staat« und die Strategen des Terrors, München 2015, 8.

41 | L. Kaddor, a.a.O., 101.

3. Soziologisierung

In zahlreichen Artikeln erscheinen die Dschihadisten als die Verarmten, die materiell und sozial Schwachen, die Ungebildeten, die Kriminellen. Nicht zuletzt wird immer wieder darauf hingewiesen, dass viele Dschihadisten aus Deutschland keinen Schulabschluss haben, ergo: ungebildet seien. Dass ein Teil der Dschihadisten aber die Schule vorzeitig verließ, um in den Dschihad zu ziehen, relativiert diese Schlussfolgerung erheblich.[42] Ein Viertel wiederum ist sehr gut gebildet.[43] Im Übrigen handelt es sich um einen Fehlschluss, wenn von der Tatsache, dass jemand keinen Schulabschluss besitzt, automatisch auf dessen Dummheit geschlossen wird. Dumm können die Dschihadisten nämlich nicht sein. Schließlich müssen sie in der Lage sein, sich Informationen zu beschaffen, sie benötigen zudem gewisse Sprach- und Länderkenntnisse. Darüber hinaus gibt es unter den ausländischen Dschihadisten auch diejenigen, denen es, materiell gesehen, gut ging, die sich vieles leisten konnten und eine gute Zukunft vor sich hatten.

Christian Emde war, bevor er in den Dschihad zog, selbstständig im Software-/Hardware-Vertrieb tätig.[44] Er hatte eine Ausbildung zum Bürokaufmann absolviert.[45] Seine Mutter beschreibt ihn als ein wissbegieriges Kind, das schon früh Fragen nach dem Tod etc. gestellt habe. Mutter und Kind hätten viel Zeit mit Lesen verbracht. Seine Wissbegierigkeit sei auch Lehrern und Pfarrern aufgefallen. Der Mutter zufolge litt der Sohn unter der Antwortlosigkeit seiner Umwelt.[46] Emde sei schließlich, weil hochbegabt, zu einer Eliteschule geschickt worden.[47] Sein stark ausgeprägter Gerechtig-

42 | Vgl. dazu: F. Federl, Phänomen Pop-Dschihad. Männlich, muslimisch, jung gesucht, in: Der Tagespiegel v. 23.01.2015.

43 | Vgl. G. Mascolo, a.a.O.

44 | Vgl. J. Todenhöfer, a.a.O., 79.

45 | Vgl. ebd., 91.

46 | Vgl. ebd.,127.

47 | Vgl. ebd.

keitssinn habe ihn jedoch immer wieder in Konflikt mit den Autoritäten gebracht. Schulverweise seien die Folge gewesen.[48] Der Vater habe sich wenig um den Jungen gekümmert, der infolge einer Verletzung als Leistungssportler in ein tiefes Loch gefallen sei.[49] Ein weiterer Dschihadist namens Burak passt auch nicht in das Bild des materiell und sozial Benachteiligten: Er war Jugendnationalspieler des DFB und Sohn eines bekannten englischen Bankers.[50]

Der Terrorismus-Experte Peter R. Neumann bringt es auf den Punkt: »[...] it's not the social and economic background, what connects the people who have become involved in jihadist terrorism«[51]. Soziologisierungen, die die materielle Schwäche der Täter in den Vordergrund stellen, laufen zudem Gefahr, die Täter aus der Mitte der Gesellschaft auszuschließen. Die Gewalt wird durch solche Interpretationen an den Rand gedrängt und verdrängt. Dennoch kann natürlich nicht auf solche Erklärungsversuche verzichtet werden.

4. Ethisierung

Um den Dualismus zwischen den Guten auf der einen und den Bösen auf der anderen Seite zu überwinden und die Handlungsmotive der Täter besser zu verstehen, könnte es sinnvoll zu sein, die Gewalt zu ethisieren. Durch die Ethisierung werden die Täter als Handelnde betrachtet, die ihrem Handeln eine Ethik zugrunde legen, in deren Licht ihr Handeln als ein gutes Handeln erscheint. Diese Perspektive bietet deshalb eine Erklärung dafür, warum sich die Täter anscheinend gar keiner Schuld bewusst sind, verhalten sie

48 | Vgl. ebd., 128.

49 | Vgl. ebd., 128/129.

50 | Vgl. ebd., 208.

51 | P.R. Neumann, A crisis of identity and the appeal of jihad, in: www.nytimes.com/2007/07/05/opinion/05iht-edneuman.1.6509818.html?_r=0 (letztes Zugriffsdatum: 12.08.2015).

sich doch aus ihrer Sicht nicht nur richtig, sondern auch gut. Aus ihrer Perspektive gesehen, sind sie die Guten und wir, die Anderen, die Bösen. Um die Täter zu verstehen, so Vertreter der Ethisierung, müsse man ihnen also eine Ethik unterstellen, wenn auch eine den allgemeinen Maßstäben der Menschenrechte widersprechende Ethik.

Eine Ethisierung der dschihadistischen Gewalt vermag durchaus zu helfen, die Handlungsmotivationen der Täter besser zu verstehen. Sie läuft jedoch Gefahr, den Rechtfertigungen, die die Täter für sich heranziehen, zu glauben und sie somit zu bestätigen. Die Krux der Ethisierung besteht jedoch darin, nicht mehr fähig zu sein, zwischen Ideologie und Ethik zu unterscheiden, steht doch dann eine Ethik gegen eine andere: hier die Ethik der Dschihadisten, dort die Ethik des Westens. Welche Ethik Recht behält, wird nicht Ergebnis eines Diskurses sein. Das jeweils Gute muss sich, wenn nicht anders möglich, militärisch gegen das andere Gute durchsetzen, um als das Gute Anerkennung zu finden.

Diabolisierung, Religionisierung, Soziologisierung, Ethisierung – das sind vier Deutungsweisen der dschihadistischen Gewalt. Eine jede von ihnen enthält ein Stück Wahrheit. Für sich genommen ist eine jede allerdings nicht nur unzureichend, sondern irreführend. Anstatt den Blick in den eigenen Spiegel zu werfen, münden derlei Versuche in Vermeidungsdiskurse, die eine selbstkritische Auseinandersetzung verhindern.

II. Dschihadismus als Terrorismus

»Wir gewinnen durch die Furcht im Herzen unserer Feinde.«[1] – mit diesen Worten wurde Christian Emde bereits zitiert. Dschihadismus heißt, Menschen das Fürchten zu lehren, indem man Schrecken verbreitet. Schrecken zu verbreiten, das ist bekanntlich das Ziel eines jeden Terrorismus. Das Wort »terror« heißt ja nichts anderes als »Schrecken«. Wer den Dschihadismus verstehen will, der muss ihn deshalb zunächst als Terrorismus interpretieren.

Der Terrorismusforscher Bruce Hoffmann definiert Terrorismus folgendermaßen:

»Bei der Unterscheidung der Terroristen von anderen Arten von Kriminellen oder irregulären Kämpfern und des Terrorismus von anderen Arten von Verbrechen oder irregulärer Kriegsführung gelangen wir zu der Einsicht, dass der Terrorismus

- unausweichlich politisch ist hinsichtlich seiner Ziele und Motive;
- gewalttätig ist oder [...] mit Gewalt droht;
- darauf ausgerichtet ist weitreichende psychologische Auswirkungen zu haben, die über das jeweilige unmittelbare Opfer oder Ziel hinausreichen;
- entweder von einer Organisation mit einer erkennbaren Kommandokette oder konspirativen Zellenstruktur (deren Mitglieder keine Uniformen oder Erkennungszeichen tragen) oder von Einzelnen bzw. einer kleinen Ansammlung von Individuen ausgeübt wird, die sich direkt von den ideologischen Zielsetzungen oder dem Vorbild einer bestehenden terroristi-

1 | Deutsch-Dschihadist im Interview mit Jürgen Todenhöfer, a.a.O.

schen Bewegung und/oder deren Führern leiten, motivieren oder inspirieren lassen;

- und schließlich von substaatlichen Gruppen oder nichtstaatlichen Gebilden begangen wird.«[2]

Hoffmann vergisst jedoch in dieser Definition ein entscheidendes Moment des Terrorismus: Terrorismus ist zudem der »geplante[n] Angriff Bewaffneter gegen eine unbewaffnete Bevölkerung«[3]. Überdies ist der Terrorist heute eine »menschliche Bombe«, die »überall, auf jede erdenkliche Art und Weise und jeden Moment zuschlagen kann«[4].

Terrorismus enthält eine spezifische Rationalität, die sich an seinen Funktionen ablesen lässt.[5] Eine der Hauptfunktionen des Terrors besteht darin, jede Beziehung zwischen den Entscheidungen der Terroristen und den individuellen Schicksalen auszulöschen. So hatte etwa der französische Bergsteiger, die Geisel Hervé Gourdel, die im September 2014 in Algerien enthauptet wurde, überhaupt nichts mit den Entscheidungen der Terroristen zu tun. Dieser Hiatus zwischen den Opfern und den Terroristen macht es so schwer, wenn nicht geradezu unmöglich, die Ziele der Terroristen vorherzusehen. Der Grund solch »irrationaler« Aktionen ist offenbar: Die Terroristen möchten die Psyche treffen, das Vertrauen in das Zusammenleben der Menschen erschüttern, und zwar grundsätzlich. Sie zielen auf den Zusammenbruch der Persönlichkeit von Menschen. Je irrationaler terroristische Handlungen erscheinen,

---

2 | B. Hoffmann, Terrorismus – der unerklärte Krieg, Bonn 2007, 79/80.

3 | A. Glucksmann, Hass. Die Rückkehr einer elementaren Gewalt, München/Wien 2005, 23.

4 | Ebd., 25.

5 | Vgl. zu diesen Ausführungen über die Terror-Rationalität: J.P. Reemtsma, Terroratio. Überlegungen zum Zusammenhang von Terror, Rationalität und Vernichtungspolitik, in: W. Schneider (Hg.), »Vernichtungspolitik«. Eine Debatte über den Zusammenhang von Sozialpolitik und Genozid im nationalsozialistischen Deutschland, Hamburg 1991, 135-163, 158.

desto rationaler sind sie kalkuliert. Man will verstören. Es gehört zum Durchsetzungspotenzial gerade auch des dschihadistischen Terrors, dass man seine Gräuel nicht für möglich hält. All das hat der dschihadistische Terror mit allen anderen Formen des Terrorismus gemein. Aber das Verstörtsein angesichts der dschihadistischen Anschläge resultiert nicht nur aus der Unkalkulierbarkeit seiner Gewalt, sondern vor allem aus ihrem Überschießen, ihrer Enthemmung und Entgrenzung. Der dschihadistische Terror zielt schließlich auf Massenvernichtung.

Die enthemmende Gewalt des dschihadistischen Terrors rückt diesen in die Nähe religiöser Terrorismen, da Massenvernichtung ein Spezifikum religiösen Terrorismus zu sein scheint. Für gewöhnlich legen Terroristen Wert darauf, hervorzuheben, dass ihre Taten sich von bloßer Gewaltkriminalität abheben.[6] Man denke etwa an die jakobinische Terrorherrschaft und Maximilien de Robespierres Rede über den Zusammenhang zwischen Tugend und Terror. Der Terrorist behauptet, im Namen der Tugend und/oder im Auftrag anderer, sei es einer bestimmten Gruppe oder eines bestimmtes Volkes, zu handeln. Terroristen beanspruchen, stellvertretend für andere Gewalt einzusetzen. Aus diesem Grund kam bislang auch kein Terrorismus ohne einen interessierten oder einen zu interessierenden Dritten aus. Dieser diente ihm zur politischen Legitimation seiner Gewalt.[7]

Die Einbeziehung eines Dritten hat lange Zeit dazu geführt, dass Anschläge mit herkömmlichen Mitteln, nicht mit Massenvernichtungsmitteln durchgeführt wurden. Dies scheint jedoch für einen religiös motivierten Terrorismus nicht oder weniger zu gel-

6 | Vgl. dazu: W. Palaver, Terrorismus: Wesensmerkmale, Entstehung, Religion (2002), in: www.uibk.ac.at/theol/leseraum/texte/161.html#F_13 (letztes Zugriffsdatum: 26.04.2015).

7 | Vgl. dazu: H. Münkler, Asymmetrische Gewalt. Terrorismus als politisch-militärische Strategie, in: Merkur 1 (2002), 1-12, 11; auch: W. Palaver, Terrorismus: Wesensmerkmale, Entstehung, Religion (2002), in: www.uibk.ac.at/theol/leseraum/texte/161.html#F_13 (letztes Zugriffsdatum: 26.04.2015).

ten, braucht dieser doch nicht unbedingt einen Dritten – wenigstens nicht einen diesseitigen Dritten. Kann der diesseitige Dritte dem Terrorismus seine ideologische Basis entziehen, indem er öffentlich erklärt, dass die Terroristen seinen Interessen zuwider handeln, fällt diese interventionistische Delegitimierung im Blick auf einen jenseitigen Dritten weg. Und das gilt auch im Blick auf die Form der Anwendung der Gewalt. So gesehen, ist es nicht verwunderlich, dass der Terrorismus durch die religiöse Grundierung eine neue, eine enthemmende Dimension erhalten hat.[8] Religiöse Terrorismen sind deshalb besonders todbringend, wie man an der Zahl der Opfer sehen kann: »Obwohl religiös motivierte Terroristen nur sechs Prozent der von 1996 bis 2004 verzeichneten Anschläge verübten, waren sie doch für 30 Prozent der dabei zu beklagenden Opfer verantwortlich.«[9] Diese Wirkung wird nicht zuletzt durch die Idee eines kosmischen Krieges verursacht, der keine Kompromisse kennt.[10] Das gilt auch für den IS: »The Islamic State is no mere collection of psychopaths. It is a religious group with carefully considered beliefs, among them that it is a key agent of the coming apocalypse.«[11]

8 | Vgl. dazu: W. Palaver, a.a.O.

9 | B. Hoffman, a.a.O., 147.

10 | Vgl. M. Juergensmeyer, Terror in the Mind of God. The Global Rise of Religious Violence, Berkeley/Los Angeles/London 2000, 148/149.

11 | G. Wood, a.a.O.

III. Dschihadismus als aktiver Nihilismus

1. Aktiver Nihilismus

Es gibt jedoch einen Unterschied zwischen dem Dschihadismus und den bekannten Formen des religiösen Terrorismus: In der äußersten Radikalisierung des Glaubens tritt im Dschihadismus nämlich eine weitere Enthemmung zutage.[1] Wenn dem Dschihadisten »irgendjemand zum Opfer fällt und er wahllos Unschuldige tötet, dann zahlt sich seine Aktion aus, nicht, weil sie zu denken gibt, sondern weil sie das Denken verhindert. Die Ideen spielen keine große Rolle, auch der Anlass ist unwichtig«[2]. So bleibt der dschihadistische Terrorist nicht bei der Sakralisierung seines Hasses auf den Anderen stehen. Sein Hass erfährt eine weitere Steigerung dadurch, dass er zum eigentlichen Lebenszweck erklärt wird, dem alles, auch der eigene (Über-)Lebenswille untergeordnet wird. Diese Radikalisierung lässt sich nicht mehr als bloßer Ausdruck eines religiös-extremistischen Phänomens hinreichend erklären.[3] Hier

1 | Vgl. J. Manemann, Aktiver Nihilismus. Bemerkungen zur Terrorrationalität, in: H. Lutterbach/J. Manemann (Hg.), Religion und Terror. Stimmen zum 11. September aus Christentum, Islam und Judentum, Münster 2002, 112-118; N. Kermani, Dynamit des Geistes. Martyrium, Islam und Nihilismus, Göttingen 2002.

2 | A. Glucksmann, a.a.O., 13/14.

3 | Vgl. J. Manemann, Aktiver Nihilismus, a.a.O., 112-118; N. Kermani, Dynamit des Geistes, a.a.O.

offenbart sich ein aktiver Nihilismus. »Aktiver Nihilismus« bedeutet die Aktivierung der Unfähigkeit, das emphatische Nein zum Nichtsein des Anderen zu sprechen, sogar um den Preis eigenen Nichtseins. Oder anders formuliert: Der Dschihadismus ist die willentliche Neutralisierung der Hemmung, dem Anderen das Recht auf Leben abzusprechen. Der Wille, den Tod des Anderen herbeizuführen, wird zum höchsten Lebenszweck, für den der Täter bereit ist, sein Leben zu opfern. Dschihadismus basiert auf der volitiven Neutralisierung der Empathiefähigkeit. Die Journalisten Rolf Clement und Paul Elmar Jöris stützen diesen Aspekt, wenn sie nach ihren Recherchen zu folgendem Schluss kommen: »Selten gibt es das eine Erlebnis, das aus einem Moslem einen Dschihadisten macht. [...] Allerdings schlittert niemand einfach hinein, die angehenden Dschihadisten treffen bewusste Entscheidungen.«[4] Dieser Terrorist ist ein Terrorist neuen Typs: »Ohne Tabu. Ohne Vorschrift. Ohne Recht und Glauben.«[5]

2. Kultur und Barbarei

Wenn kulturelle Lebensformen von Menschen entwickelt werden, um einander davon zu überzeugen, dass das eigene Leben und das Leben des Anderen des Lebens wert sind, dann offenbart der aktive Nihilismus Bruchstellen in den kulturellen Grundlagen nachmoderner Gesellschaften. Kulturen haben für Menschen die Funktion, befristete Bleiben zu schaffen und so die Welt bewohnbar zu machen.[6] Sie beheimaten Menschen und bieten einen Rahmen, in dem individuelle Identitäten ausgebildet werden können. Aber Kulturen enthalten eine Dialektik, die in Barbarei umschlagen kann. Es waren schließlich Kulturen, die auch eine Feindschaft in die Welt

4 | R. Clement/P.E. Jöris, a.a.O., 234.

5 | A. Glucksmann, a.a.O., 25.

6 | Vgl. dazu B. Liebsch, Gastlichkeit und Freiheit. Polemische Konturen europäischer Kultur, Weilerswist 2005, 23.

gebracht haben, welche den Schrecken der Natur noch übersteigt. Böswilligkeit und Vernichtungsdrang sind mitnichten Produkte der Natur, sondern menschlicher Kultur.[7] Kultur und auch Zivilisation sind nicht einfach mit Fortschritt gleichzusetzen. Es gilt an die Einsicht zu erinnern, dass die Aneignung der Welt durch den Menschen nicht automatisch eine Humanisierung des Menschen nach sich gezogen hat. Führt nicht eher, so vermutete bereits der Philosoph Theodor W. Adorno, ein Fortschritt von der Steinschleuder zur Megabombe als vom Wilden zur Humanität?[8]

Dass es sich bei dieser Dialektik zwischen Kultur und Barbarei um ein Problem von Kultur im Allgemeinen handelt, darauf verweist auch der etymologische Befund:

»Die lateinische Wurzel des Wortes ›Kultur‹ ist das Verb *colere*, das so gut wie alles bedeuten kann, von ›hegen‹ und ›pflegen‹ über ›bewohnen‹ bis zu ›anbeten‹ und ›beschützen‹. In der Bedeutung ›bewohnen‹ hat es sich über lateinisch *colonus*, ›der Ansiedler‹, zum heutigen ›Kolonialismus‹ entwickelt, so dass Buchtitel wie *Kultur und Kolonialismus* wiederum etwas Tautologisches haben. [...] Kultur erbt also einerseits den imposanten Mantel der Autorität, zeigt aber andererseits auch eine ungute Affinität zu Okkupation und Invasion; zwischen diesen beiden Polen [...] ist der Begriff heute angesiedelt.«[9]

Der Begriff »Kultur« stellt als solcher – wie der Literaturwissenschaftler Terry Eagleton gezeigt hat – eine Dekonstruktion dar, denn das Wort bezeichnet heute meist die vornehmsten menschlichen Betätigungen, entstammt jedoch – etymologisch betrachtet – der Feldarbeit. Dieser Widerspruch im Begriff wird evident, wenn man sich vor Augen hält, dass die Stadtbewohner als kultiviert gel-

7 | Vgl. ebd., 216-219.

8 | Vgl. T.W. Adorno, Minima Moralia. Reflexionen aus dem beschädigten Leben, Frankfurt 1987, 314.

9 | T. Eagleton, Was ist Kultur? Eine Einführung, München 2001, 8, Hervorhebung im Original.

ten, nicht jedoch die, die das Land bestellen.[10] Der innere Widerspruch im Begriff selbst bezeugt die spaltende Kraft desselben. Der Begriff »Kultur« dichotomisiert. Das ist das Problematische, Gefährliche, aber auch das, was diesen Begriff interessant macht, verlangt er doch nach dem ihm Anderen. Im Terminus »Kultur« fallen Differenz und Identität zusammen, weshalb im Hinblick auf Kultur von einer »Differenz-Identität-Funktion« gesprochen werden kann: »Kultur bezeichnet [...] jenes Moment, in dem sich Differenz, als Gegensatz der Identität verstanden, in ihren Gegensatz umwandelt. Kultur ist der Umschlagpunkt von Differenz in Identität. Die Artikulation jeder (kulturellen) Differenz bringt eine (kulturelle) Identität hervor.«[11]

Die Einsicht in diese Zusammenhänge zwingt zur Kulturkritik. Kulturkritik zielt auf die Rettung von Kultur, denn dem Begriff der Kultur wohnt ein Versprechen inne. Er weist auf eine Grenze hin. Aus diesem Grund ist er nicht nur deskriptiv, sondern auch präskriptiv. Kultur ist als Disziplinierung Arbeit an Gewaltreduktion. Der Begriff muss deswegen der Minimierung von Gewalt insofern Rechnung tragen, als er zumindest die Wiederholung des Äußersten ausschließt.[12]

Kulturen produzieren »soziale Pathologien« (A. Honneth), wenn Menschen von der Kultur ausgeschlossen und so daran gehindert werden, ihr Selbst zu entfalten. Dann kommt es zu einem Mangel an Anerkennung, der die Ausbildung einer Identität des Selbst blockiert. »Wenn Menschen sich ihrer Kultur entfremdet haben, weil diese es nicht mehr ermöglicht, ihr Selbst ›offiziell‹ zu definieren, dann kann persönliche ›Ganzheit‹ sich nur noch zeigen, wenn zum Ausdruck kommt, womit dieses Selbst bis zum Ran-

10 | Vgl. ebd., 8/9.

11 | H. Gürses, Funktionen der Kultur. Zur Kritik des Kulturbegriffs, in: S. Nowotny/M. Staudigl (Hg.), Grenzen des Kulturkonzepts. Meta-Genealogien, Wien 2003, 13-34, 21.

12 | Vgl. B. Liebsch, Gastlichkeit und Freiheit, a.a.O., 32, 38/39.

de gefüllt ist: mit Hass.«[13] Hass ist Ausdruck eines pervertierten Selbstverhältnisses, »eine Reaktion gegen ein irgendwie falsches Lieben«[14]. Das heißt aber: »Wer hasst, muss schon geliebt haben.« Dabei ist allerdings zu bedenken, dass Hass »nicht eine Reaktion auf gefühlte Unwerte der gehassten Person [ist, J.M.], sondern eher eine Bewegung in Richtung auf noch niedrigere mögliche Unwerte dieser Person«[15]. Hass entwickelt eine projektive und paranoide Dynamik hin zu Unwerten. Er vernichtet die höheren Werte. »Weil er sie vernichtet [...], darum erst *werden* sie unfühlbar.«[16] Hass verengt. Daraus ergibt sich folgendes Spezifikum des Hasses: »Der Hass klagt an ohne Kenntnis der Fakten. Der Hass urteilt, ohne begreifen zu wollen. Der Hass verurteilt willkürlich. Er hat vor nichts Respekt, er sieht sich als Objekt einer universellen Verschwörung. Am Ende, erfüllt vom Ressentiment, gegen alle Argumente gefeit, zieht er eigenmächtig und großspurig einen Schlussstrich, indem er zubeißt. Ich hasse, also bin ich.«[17] Wer diesen Hass verstehen will, der muss zwar das Milieu analysieren, in dem er gedeiht, aber die Ursache für den Hass findet man nicht ohne die Analyse des Hasses im Hassenden selbst. Der Blick auf das, was dieser vorgibt, zu hassen, führt zumeist in die falsche Richtung.[18]

---

13 | A. Gruen, a.a.O., 51.

14 | Zu den Zitaten von M. Scheler: K. Mulligan, Schelers Herz – was man alles fühlen kann, in: www.unige.ch/lettres/philo/files/2714/2644/1524/mulligan_SchelerHerzRenz.pdf (letztes Zugriffsdatum: 20.08.2015).

15 | Ebd.

16 | Ders., Grammatik der Gefühle. Das Emotionale als Grundlage der Ethik, München 2000, 58.

17 | A. Glucksmann, a.a.O., 10.

18 | Vgl. dazu: Ebd., 99.

3. Aktiver Nihilismus und Nazismus

Doch zunächst zum Milieu des Hasses: Der aktive Nihilismus des Dschihadismus ist keine creatio ex nihilo. Seine Wurzeln reichen zurück bis in die Katastrophen des 20. Jahrhunderts. Die menschliche Schamgrenze der Gewaltzufügung wurde in diesem Jahrhundert immer mehr abgesenkt. Spätestens nach Auschwitz leben wir in einer Nachkultur, so sieht es der Philosoph George Steiner. Diese Nachkultur zeichnet sich durch eine negative Horizonterweiterung aus. Hielt man vor Auschwitz viele Grausamkeiten für unmöglich, so ist es heute schwierig, »eine Bestialität, aberwitzige Unterdrückung oder plötzliche Verwüstung sich vorzustellen, die *nicht* glaubhaft, *nicht* über Nacht in den Bereich unserer Fakten einzuordnen wäre. In moralischer wie psychologischer Hinsicht ist das freilich ein furchtbarer Zustand, durch nichts mehr überrascht werden zu können.«[19] Im Zeitalter der Nachkultur zu leben heißt, unter veränderten Bedingungen des Menschseins zu leben. Der Religionsphilosoph Johann Baptist Metz hat unermüdlich daran erinnert, dass man nicht endlos auf den Namen des Menschen sündigen kann, dass die Idee der Menschheit und des Menschseins zutiefst verletzbar sind.[20] Wie kommen Menschen mit der Tatsache klar, dass sie immer wieder neu ungeahnten Quellen der Verwundbarkeit begegnen, dass es Menschen gibt, gewöhnliche Menschen, Nachbarn, »die auf deren Registern spielen, um die zugefügte Verwundung bis zur Fassungslosigkeit zu steigern, statt sie zu minimieren, wie es unter dem ›natürlichen Gesetz‹ der Selbsterhaltung geboten scheint«[21]?

Primo Levi, Überlebender von Auschwitz, erzählt in seiner Autobiographie *Ist das ein Mensch?* von seiner »Aufnahmeprüfung«

19 | G. Steiner, in: Blaubarts Burg. Anmerkungen zur Neubestimmung der Kultur, Wien/Zürich 1991, 67, Hervorhebung im Original.

20 | J.B. Metz, in: F. Schuster/R. Boschert-Kimmig, Trotzdem hoffen. Mit Johann Baptist Metz und Elie Wiesel im Gespräch, Mainz 1993, 12-55, 22.

21 | B. Liebsch, Gastlichkeit und Freiheit, a.a.O., 217.

in das Kommando 98 von Auschwitz, dem so genannten Chemiekommando. Dr. Pannwitz, ein promovierter Ingenieur, übernahm die Prüfung:

»Pannwitz ist hochgewachsen, mager und blond; er hat Augen, Haare und Nase, wie alle Deutschen sie haben müssen, und er thront fürchterlich hinter einem wuchtigen Schreibtisch. Ich komme, Häftling 174517, stehe in seinem Arbeitszimmer, klar, sauber und ordentlich, und mir ist, als müßte ich überall, wo ich hinkomme, Schmutzflecken hinterlassen. Wie er mit Schreiben fertig ist, hebt er die Augen und sieht mich an.
Von Stund an habe ich oft und unter verschiedenen Aspekten an diesen Dr. Pannwitz denken müssen. Ich habe mich gefragt, was wohl im Innern dieses Menschen vorgegangen sein mag und womit er neben der Polymerisation und dem germanischen Bewußtsein seine Zeit ausfüllte; seit ich wieder ein freier Mensch bin, wünsche ich mir besonders, ihm noch einmal zu begegnen, nicht aus Rachsucht, sondern aus Neugierde auf die menschliche Seele.
Denn zwischen Menschen hat es einen solchen Blick nie gegeben. Könnte ich mir aber bis ins letzte die Eigenart jenes Blickes erklären, der wie durch die Glaswand eines Aquariums zwischen zwei Lebewesen getauscht wurde, die verschiedene Elemente bewohnen, so hätte ich damit auch das Wesen des großen Wahnsinns im Dritten Reich erklärt.
Was wir alle über die Deutschen dachten und sagten, war in dem Augenblick unvermittelt zu spüren. Der jene blauen Augen und gepflegten Hände beherrschende Verstand sprach: ›Dieses Dings da vor mir gehört einer Spezies an, die auszurotten, selbstverständlich zweckmäßig ist. In diesem besonderen Fall gilt es festzustellen, ob nicht ein verwertbarer Faktor in ihm vorhanden ist.‹«[22]

Der Satz »*Denn zwischen Menschen hat es einen solchen Blick nie gegeben.*« bringt die Ungeheuerlichkeit dieser Situation radikal zum Ausdruck. In den Augen des Dr. Pannwitz ist Primo Levi nämlich

22 | P. Levi, Ist das ein Mensch? - Die Atempause, München/Wien 1988, 19.

kein verachtenswerter Mensch, sondern ein Nichtmensch. Das ist es, was den Wahnsinn des Dritten Reiches ausmacht. Im Gegensatz zu den meisten Tiergattungen ist es für die Menschengattung keineswegs selbstverständlich, dass Menschen sich untereinander erkennen und anerkennen.[23] Der Nazismus war ein aktiver Nihilismus, ein groß angelegter Versuch, das Nein zum Sein des Anderen zu sprechen, sogar um den Preis des eigenen Nichtseins. Angezielt war nichts Geringeres als die Transformation der Moral des Menschen. Die Erinnerung daran fällt schwer: Diese historische Erfahrung hat nämlich Konsequenzen für die ethische Begriffsbildung, denn »der Riss im moralischen Bild des Menschen lässt keine Hoffnung auf apriorische Gattungsgewissheiten mehr zu«[24]. Spätestens seit Auschwitz wissen wir, dass es keine Garantie für eine universalistische Moral gibt.

Angesichts der Massenvernichtungen im 20. Jahrhundert diagnostiziert die Philosophin Edith Wyschogrod das Aufkommen einer Leere: Massenvernichtungen haben eine Statistik, und diese Statistik wird sich niemals in einer alle Opfer berücksichtigenden Erzählung wiedergeben lassen.[25] Deshalb hinterlassen sie eine Leere, die unbeschreiblich bleibt und einen einzigartigen Moment konstituiert: den Eingang des Nichts in die Zeit.[26]

Wer den Dschihadismus verstehen will, der muss auch auf diese historischen Zusammenhänge reflektieren. Neben Formen des

---

23 | Vgl. A. Finkielkraut, Verlust der Menschlichkeit. Versuch über das 20. Jahrhundert, Stuttgart 1999, 13.

24 | R. Zimmermann, Philosophie nach Auschwitz, Reinbek 2005, 11.

25 | Vgl. D. Diner, Gestaute Zeit. Massenvernichtung und jüdische Erzählstruktur, in: ders., Kreisläufe. Nationalsozialismus und Gedächtnis, Berlin 1993, 123-139, 126.

26 | Vgl. E. Wyschogrod, An Ethics of Remembering: History, Heterology, and Nameless Others, Chicago 1998, 14 (zit. n.: B.T. Morrill, Reading Texts of Terror: Mystical Imagination and Political Conviction, in: J. Downey/J. Manemann/S.T. Ostovich (Eds.), Missing God? Political Theology and Cultural Amnesia, Hamburg/Münster 2006).

aktiven Nihilismus gilt es auch, die Verbrechen des Kolonialismus in den Blick zu nehmen, die sich nach dem Zweiten Weltkrieg fortgesetzt haben. Erinnert sei in diesem Zusammenhang nur an die Grausamkeiten der französischen Machthaber in Algerien. Dass diese immer wieder verschwiegen werden, zeigt: »Wir leben in einer verlogenen Welt.«[27]

4. Von der Erfahrung des Nichts

Die Aufgabe besteht darin, den Dschihadismus als aktiven Nihilismus nicht nur mit den nihilistischen Ereignissen des 20. Jahrhunderts in Beziehung zu setzen, sondern auch mit nihilistischen Tendenzen in gegenwärtigen westlichen Gesellschaften. Ein solcher Blick offenbart, dass der Dschihadismus nicht der Beginn eines neuen, von Glaubensmächten geführten Kulturkampfes ist, wenn diese auch eine Rolle spielen. Dschihadismus ist auch nicht eine Explosion, die aus der Spannung zwischen säkularer Gesellschaft und Religion hervorgegangen ist. Im neuen Terrorismus äußert sich nicht der verhängnisvoll-sprachlose Zusammenstoß von Welten, denen des Glaubens und denen des Wissens. Nicht vorwiegend religiöse Überzeugungen, zumindest nicht orthodox-religiöse oder traditionalistische, motivieren die Täter. Solche Einordnungen dienen zumeist als Immunisierungsstrategien westeuropäischer Intellektueller.[28]

Wenn heute vom Nihilismus im Blick auf westliche Gesellschaften zu sprechen ist, dann geht es um eine spezifische Lebenserfahrung: um ein Leben in erschreckender Sinnlosigkeit, Hoff-

27 | J. Todenhöfer, a.a.O., 30.

28 | Als Beispiel für eine solche Immunisierung: J. Habermas, Glauben und Wissen, Frankfurt 2001, 9-11.

nungslosigkeit und Lieblosigkeit.[29] Dieser Nihilismus findet seinen Ausdruck im Zynismus, in der Resignation und im Ressentiment.

In ihrem zunächst verbotenen, dann mit Preisen ausgezeichneten Jugendbuch »Nichts« erzählt die dänische Schriftstellerin Janne Teller von einer sich ausbreitenden ressentimentgeladenen Sinnlosigkeit.[30] Die Autorin – vormals tätig als Makroökonomin – beschreibt eine Gruppe von Siebtklässlern, die durch einen Mitschüler provoziert werden, der ihnen, auf einem Pflaumenbaum hockend, tagaus tagein den Satz entgegenschleudert, dass nichts irgendetwas bedeute.[31] Um das Gegenteil zu beweisen, zwingen sich die Schüler, einander abzuliefern, was für sie von Bedeutung ist: Sandalen, ein Fahrrad, Zöpfe, ein Goldhamster, ein Gebetsteppich, Flagge, Kruzifix, ein Kindersarg mit den Überresten des kleinen Bruders, ein rechter Zeigefinger und so weiter und so fort. So entsteht ein Berg aus Bedeutung. Als dieser schließlich zerstört wird, kippt die Aggression der Kinder, die sich bei der Herstellung des Berges der Bedeutung aufgestaut hat, ins Mörderische um. Voller Hass wird der Provokateur umgebracht. Die Erzählerin, eines der involvierten Mädchen, fasst die Situation folgendermaßen zusammen: »Es war sinnvoll, Pierre Anthon zu schlagen. Sinnvoll, ihn zu treten. Das hatte Bedeutung. Selbst als er am Boden lag und sich nicht mehr wehren konnte und es irgendwann auch nicht mehr versuchte.«[32] Aber die Worte des Ermordeten »Nichts bedeutet irgendetwas« waren auch durch die Vernichtung des Provokateurs nicht aus dem Gedächtnis der Kinder zu tilgen.

Immer wieder ist in dem Buch von der Ignoranz der Erwachsenen die Rede, die permanent verdrängen, dass die Kinder doch schon lange erkannt hätten, dass in ihrer Welt nichts wirklich et-

---

29 | Vgl. C. West, Democracy Matters: Winning the Fight against Imperialism, New York 2004, 26.

30 | Vgl. J. Teller, Nichts. Was im Leben wichtig ist, München 2010.

31 | Vgl. T. Sprekelsen, Wie man zum Fanatiker wird, Frankfurter Allgemeine Zeitung v. 23.09.2010.

32 | J. Teller, a.a.O., 134.

was bedeute, dass die Erwachsenen nur so täten, als ob irgendetwas etwas bedeuten würde. Bedeutung entdecken die Kinder schließlich in dem, was keine Bedeutung haben sollte: Aggression, Gewalt, Mord. Das Buch handelt vom Nihilismus der Kinder, der das Produkt des Lebens der Erwachsenen und der Schule ist.

Die Kinder leiden an einem Mangel an Sinn. Sie versuchen Sinn herzustellen. Sinn, im emphatischen Verständnis, kann jedoch nicht hergestellt werden, Sinn kann sich immer nur einstellen. Wer Sinn herstellen will, produziert das Gegenteil.

5. Leere Gewalt

Die nihilistische Gestimmtheit, die in diesem Buch beschrieben wird, ist alles andere als eine literarische Fiktion. Trotz der Abnahme jugendlicher Gewalt in Deutschland seit 2008 gibt es Formen der Gewalt, die aus einem destruktiven Begehren resultieren. Schriftsteller, Psychologen, Soziologen und auch Polizeipräsidenten sprechen von absoluter, leerer und blinder Gewalt, von Gewalt um ihrer selbst willen.[33] Um die gesellschaftliche Herausforderung dieser Gewalt zu verstehen, ist es nötig, sie von anderen Gewaltformen abzusetzen.

Zunächst gilt, dass alle Gewalt letztlich körperliche Gewalt ist, auch die psychische, da sie sich körperlich auswirkt.[34] Mit dem Literaturwissenschaftler Jan Philipp Reemtsma lassen sich drei Arten von Gewalt unterscheiden: lozierende, raptive und autotelische Gewalt.[35] Lozierende Gewalt (mit den Unterformen militärischer, krimineller, strafender und politischer Gewalt) versucht, den als Hindernis gesehenen Körper des Anderen räumlich zu verschie-

33 | Vgl. dazu: A. Marneros, Blinde Gewalt. Rechtsradikale Gewalttäter und ihre zufälligen Opfer, Frankfurt 2005.

34 | Vgl. J.P. Reemtsma, Vertrauen und Gewalt. Versuch über eine besondere Konstellation der Moderne, Hamburg 2008, 104.

35 | Vgl. ebd., 106.

ben.[36] Raptive Gewalt will sich des anderen Körpers bemächtigen, um (meist sexuelle) Handlungen an ihm zu vollziehen.[37] Autotelische Gewalt »zielt auf die Zerstörung der Integrität des Körpers«[38].[39] Lozierende und raptive Gewalt sind teleologischer Beschaffenheit.[40] Autotelische Gewalt hingegen ist sie selbst, das heißt, sie intendiert nichts anderes als die Zerstörung des anderen Körpers.[41] Der Täter erfährt diese Gewalt als wohl größte Machtsteigerung.[42] Die Kultur der Moderne hat »gravierende Probleme, mit dem Problem der autotelischen Gewalt umzugehen«[43]. Orte autotelischer Gewalt in der Geschichte waren beispielsweise das Kolosseum oder Hinrichtungsrituale der frühen Neuzeit.[44] Nun hat die Kultur der Moderne für diese Form der Gewalt »keinen legitimierbaren Ort mehr«[45], sieht sich aber entgegen all ihren Bemühungen auch in ihrem Inneren immer wieder mit dieser Art von Gewalt konfrontiert. Da sie keinen Ort mehr für die autotelische Gewalt hat, wird diese als »hereinbrechend« und als »Trauma« erlebt.[46] Die Erfahrung autotelischer Gewalt wird in modernen Gesellschaften als Einbruch einer anderen Ordnung erfahren. Für diese perverse Ordnung werden Begriffe wie Hölle und das Böse bemüht.[47] Um diese Gewaltform zu tabuisieren, ihrer Herausforderung auszuweichen, wird, sobald die instrumentelle Deutung versagt, »zur Pathologisierung und zur

36 | Vgl. ebd., 108-112.

37 | Vgl. ebd., 113-116.

38 | Ebd., 116.

39 | Vgl. ebd., 116-124.

40 | Vgl. ebd., 117.

41 | Vgl. ebd., 117.

42 | Vgl. ders., Hässliche Wirklichkeit, in: Süddeutsche Zeitung v. 17.05. 2010.

43 | Ders., Vertrauen und Gewalt, a.a.O., 119.

44 | Vgl. ders., Hässliche Wirklichkeit, a.a.O.

45 | Ders., Vertrauen und Gewalt, a.a.O., 124.

46 | Ebd., 136ff.

47 | Vgl. ebd., 119.

Verrätselung gegriffen«[48]. Im Falle der Selbstmordattentäter bezieht man sich dann schnell auf irrationale religiöse Vorstellungen. Ungeachtet dieser Strategien und der Kulturentwicklung der Moderne bleibt aber die Tatsache, »dass der Mensch zur Gewalt (auch zur verbotenen) nach wie vor *fähig* bleibt«[49].

Es ist vor allem die wilde, nicht ritualisierte autotelische Gewalt, die das Vertrauen der Menschen ineinander zutiefst erschüttert. Nachbarschaftliches Zusammenleben wird verunmöglicht, wenn das Credo, das »Ich vertraue«, nicht mehr gesprochen werden kann. Hans Magnus Enzensberger hat schon vor vielen Jahren vor dieser Entwicklung gewarnt und den Bürgerkrieg in Aussicht gestellt:

> »Wir blicken auf die Weltkarte. Wir lokalisieren Kriege in entfernten Gegenden, am besten in der Dritten Welt. Wir sprechen von Unterentwicklung, Ungleichzeitigkeit, Fundamentalismus. Es kommt uns so vor, als spiele sich der unverständliche Kampf in großer Entfernung ab. Aber das ist eine Selbsttäuschung. In Wirklichkeit hat der Bürgerkrieg längst in den Metropolen Einzug gehalten. Seine Metastasen gehören zum Alltag der großen Städte, nicht nur in Lima und Johannesburg, in Bombay und Rio, sondern auch in Paris und Berlin, in Detroit und Birmingham, in Mailand und Hamburg. Geführt wird er nicht nur von Terroristen und Geheimdiensten, Mafiosi und Skinheads, Drogengangs und Todesschwadronen, Neonazis und Schwarzen Sheriffs, sondern auch von unauffälligen Bürgern, die sich über Nacht in Hooligans, Brandstifter, Amokläufer und Serienkiller verwandeln. […] Der Bürgerkrieg kommt nicht von außen, er ist kein eingeschleppter Virus, sondern ein endogener Prozess.«[50]

Neue Studien über den Zustand der deutschen Gesellschaft zeigen, dass Menschenfeindlichkeit zunimmt.[51] Menschenfeindlichkeit ist

48 | Ebd., 267.

49 | Ebd., 325, Hervorhebung im Original.

50 | H.M. Enzensberger, Aussichten auf den Bürgerkrieg, Frankfurt ^{4}1994, 19.

51 | Vgl. W. Heitmeyer (Hg.), Deutsche Zustände. Folge 1, Frankfurt 2002.

ein Begriff, der sich auf das Verhältnis spezifischer Gruppen bezieht.[52] Da jedoch vermutet wird, dass Polarisierungstendenzen nicht nur in der Gesellschaft, sondern vor allem auch in den Köpfen der Menschen zunehmen[53], ist von einer weiteren Erosion der Integrationsqualität der Gesellschaft auszugehen, infolgedessen das Vertrauen der Menschen zueinander abnehmen wird.[54] Eine solche Entwicklung wird auch zu einer Zunahme interindividueller Menschenfeindlichkeit führen.[55] Eine Verschärfung erfahren diese Tendenzen durch die Erfahrung leerer Gewalt: die Gewalttaten von Selbstmordattentätern, Amokläufern und jugendlichen Gewalttätern. Enzensberger markiert das dahinterliegende Problem: »Der jugendliche Mörder, der Jagd auf Wehrlose macht, gibt, nach seinen Motiven gefragt, folgende Auskünfte: ›Ich habe mir nichts dabei gedacht.‹ ›Mir war langweilig.‹ ›Die Ausländer waren mir irgendwie unangenehm.‹ Das genügt. Vom Nationalsozialismus weiß er nichts.«[56] Im Vordergrund scheint »das Verlangen nach der leeren Aggression«[57] zu stehen. Oder man erinnere sich an die brutale Er-

52 | Vgl. ders., Gruppenbezogene Menschenfeindlichkeit. Die theoretische Konzeption und erste empirische Ergebnisse, in: ders. (Hg.), Deutsche Zustände. Folge 1, a.a.O., 15-34, 19.

53 | Ders., Gruppenbezogene Menschenfeindlichkeit. Die theoretische Konzeption und empirische Ergebnisse aus den Jahren 2002, 2003 und 2004, in: ders. (Hg.), Deutsche Zustände. Folge 3, Frankfurt 2005, 13-36, 31.

54 | Vgl. ders., Gruppenspezifische Menschenfeindlichkeit. Gesellschaftliche Zustände und Reaktionen in der Bevölkerung 2002 bis 2005, in: ders. (Hg.), Deutsche Zustände. Folge 4, Frankfurt 2006, 15-36, 32.

55 | Ders., Gruppenbezogene Menschenfeindlichkeit. Die theoretische Konzeption und empirische Ergebnisse aus den Jahren 2002, 2003 und 2004, in: ders. (Hg.), Deutsche Zustände. Folge 3, a.a.O., 31. Ferner: ders., Gruppenspezifische Menschenfeindlichkeit. Gesellschaftliche Zustände und Reaktionen in der Bevölkerung 2002 bis 2005, in: ders. (Hg.), Deutsche Zustände. Folge 4, a.a.O., 32.

56 | H.M. Enzensberger, Aussichten auf den Bürgerkrieg, a.a.O., 19.

57 | Ebd.

mordung eines Obdachlosen durch zwei junge Rechtsradikale in Templin/Brandenburg. Die begutachtende Psychologin kommt vor Gericht zu dem Ergebnis, dass der Haupttäter weder Alkoholiker noch seelisch krank, mithin voll schuldfähig ist. Der andere Täter soll nach Aussage der Freundin des anderen mit der Tat geprahlt und gesagt haben, »dass er schon immer mal einen Menschen umbringen wollte«[58].

In einem Artikel in der *Süddeutschen Zeitung* berichtete ein Journalist über eine Mädchenbande in Hamburg. Nachdem er im Anschluss an diverse Gespräche mit Experten verschiedene Ursachen für die Gewalttätigkeiten der Mädchen aufgelistet hatte, schrieb er am Ende: »Das alles passt sehr gut, und dennoch wird man nach einem Nachmittag mit Valentina und Leyla das Gefühl nicht los, dass damit nicht alles erklärt ist, vor allem Sätze, wie Leyla sie sagt: ›Um den anderen geht's mir nicht. Der hat Schmerzen, aber dann geht's dem besser. Und ich? Hab' ein Jahr Bewährung.‹« Hinter solchen Sätzen, so stellt man sich das vor, muss es eine Art Loch geben. Dort, wo das Loch ist, müssten eigentlich Werte sein oder eine vage Vorstellung von der Grenze, die der Körper des anderen markiert. Wie es entstanden ist, weiß auch Frau Tschermak [eine Sozialarbeiterin, J.M.] nicht. Man merkt es den Schwestern ja auch nicht an, es ist zwischendurch sehr angenehm, mit ihnen zu sprechen. Sie lachen viel, sie lachen so, dass man mitlachen muss [...].«[59]

In einer Gesellschaft, in der die Grenze, die der Körper des Anderen bedeutet, nicht mehr gewusst wird, droht das Grundvertrauen der Menschen untereinander zu zerrütten.

Leere Gewalt ist Ausdruck von Sinnlosigkeit bzw. von pervertiertem Sinn. Die Gewalttäter scheinen durch ihre Tat einen Ersatz für das zu erhalten, was in der Gesellschaft zu fehlen scheint: Sinn. Die Zerstörung könnte ihnen somit ein Ultimum an Sinn bereiten.

58 | Zit. n.: C. von Bullion, Ganz unten gibt es keine Skrupel, in: Süddeutsche Zeitung v. 24.03.2009.

59 | Ch. Hickmann, »Um den anderen geht's mir nicht«, in: Süddeutsche Zeitung v. 04./05.03.2006.

Dieser Sinn besteht aber nicht mehr im Ja zum Leben, sondern im Ja zum Nichts.

Noch ein Beispiel: Einer der Amokläufer an der Columbine Highschool – das Attentat ist die Blaupause für viele spätere Amokläufe in westlichen Gesellschaften geworden – formulierte in seinen Aufzeichnungen: »Ich bin voller Hass – und das liebe ich.« An anderer Stelle schreibt er: »Alles ist meine Schuld. Nicht die meiner Eltern, nicht die meiner Brüder, nicht die meiner Freunde, nicht die meiner Lieblingsbands, nicht die der Computerspiele, nicht die der Medien. DIE SCHULD GEHÖRT MIR!«[60] Der Täter fordert also die volle Zurechnungsfähigkeit ein.

Die genannten aversiven, gegen Andere gerichteten Verhaltensweisen treten meist individuell auf, lassen sich aber auch kollektiv mobilisieren und politisch aktivieren, wie wir es im Dschihadismus sehen. Sie resultieren nicht nur aus ökonomischen Krisen. Sie sind vor allem verursacht durch echte psychische Not.

Dschihadismus bedeutet Sein zum Tode. Die Bereitschaft zum Nichts ist für diese Weltanschauung konstitutiv. Das gilt im besonderen für al-Qaida und den IS. Wer den heutigen Dschihadismus verstehen will, muss immer auch von beiden Terrorgruppen sprechen. Zwischen al-Qaida und dem IS gibt es sowohl feindliche als auch kooperative Verbindungen. Nicht zuletzt aus dem zunehmenden Verlust des Einflusses von Kern-al-Qaida auf seine Ableger konnte der IS wachsen. Aus der Widerstandsgruppe »Al-Qaida im Irak« ging 2004 schließlich der »Islamische Staat im Irak« hervor, der Vorläufer des IS.[61] Der gegenwärtige Dschihadismus kann aus diesem Grund auch nicht losgelöst vom 11. September 2001 verstanden werden. Christian Emde zieht folgenden Vergleich zwischen dem Kalifen des IS und Osama bin Laden:

---

60 | J. Gaertner, Ich bin voller Hass – und das liebe ich. Dokumentarischer Roman. Aus den Original-Dokumenten zum Massaker an der Columbine-Highschool, Frankfurt 2009.

61 | Vgl. zum Verhältnis zwischen al-Qaida und IS: B.T. Said, a.a.O., 48-71. Ferner: C. Reuter, a.a.O., 17f.

»Die Al Qaida zurzeit von Osama bin Laden ist uns näher als die jetzige Al Qaida. Aber man darf nicht vergessen, dass Osama bin Laden nie die politische oder militärische Macht hatte, die Abu Bakr Al Baghdadi jetzt hat. [...] Die Ideologien sind ähnlich. Man muss allerdings dazusagen, dass Osama bin Laden sehr stark von der damaligen Muslimbruderschaft beeinflusst war. Wie es in seiner Zeit halt üblich war, insbesondere in den Achtziger- und Neunzigerjahren.«[62] Und er fährt fort: »Die Etablierung eines Islamischen Staats ist der Traum, die Pflicht der Muslime, seit sie Andalus verloren haben.«[63] Der Philosoph André Glucksmann markiert die Herausforderung durch bin Laden folgendermaßen: »Bin Laden mobilisiert keine klassischen Streitkräfte, sondern Hassgefühle. Ein von solchen Hassgefühlen beseelter Attentäter ist, mit einem einfachen Taschenmesser bewaffnet, genauso wirkungsvoll wie modernste Waffentechnik. Bin Laden hat es weniger auf Territorien als vielmehr auf Köpfe abgesehen. Er initiiert die Universalisierung der antiwestlichen Ressentiments.«[64] Al-Qaida hatte vornehmlich den »fernen Feind« im Blick, der IS konzentriert sich mehr auf den »nahen Feind«.[65] Trotz der Unterschiede sind beide, al-Qaida und IS,

62 | Christian Emde, zit. n.: J. Todenhöfer, a.a.O., 111.

63 | Ebd., 114. Al Andalus gilt bis heute unter Muslimen als ein Synonym für Größe, für die Macht des Islam. Dieser Mythos entspricht jedoch keineswegs der Realität, die von Friktionen, Konflikten und Feindschaften sowohl zwischen Muslimen und Christen als auch zwischen Muslimen untereinander geprägt war. Zu den vielfach gegenstrebigen Aspekten der Idee und Wirklichkeit von Al Andalus siehe: P. Schmidt, Al Andalus – Die Politisierung eines kulturellen Gedächtnisses an der europäischen Südgrenze, in: J. Malik/J. Manemann (Hg.), Religionsproduktivität in Europa. Markierungen im religiösen Feld, Münster 2009, 143-160.

64 | A. Glucksmann, a.a.O., 247.

65 | Vgl. C. Reuter, a.a.O., 205.

im Hass vereint. Bereits bei Osama bin Laden war ein tief sitzender Hass das Agens seines Handelns.[66]

Im Blick auf den Terror des 11. Septembers 2001 kam Hans Magnus Enzensberger zu folgenden Einsichten: »[...] die mörderischen Energien der Gegenwart lassen sich keineswegs auf irgendwelche Traditionen zurückführen. [...] – in all diesen Fällen hat man es nicht mit archaischen Überresten, sondern mit absolut zeitgenössischen Erscheinungen zu tun, nämlich mit Reaktionsbildungen auf den gegenwärtigen Zustand der Weltgesellschaft.«[67] Es gibt eine Immanenz des Terrors, die sich nicht »nur am Verhalten der Akteure, sondern auch an der Wahl ihrer Mittel [zeigt, J.M.]. [...] Das Gefühl, der Angriff kommt von außen, trügt, da es einen externen Raum menschlicher und unmenschlicher Handlungen, der außerhalb des globalen Zusammenhangs läge, nicht gibt. Die Bedrohung ist allgegenwärtig wie die Kamera, das Telefon, das Internet und der Spionagesatellit.« Das, was jedoch im Hinblick auf die Attentäter vor allem schockiert, ist ihr »Stolz auf den eigenen Untergang«. Aus diesem Grund war es nicht verwunderlich, »daß im ersten Moment Zweifel an der Urheberschaft des Anschlags laut geworden sind. Im Internet wurde die rechtsradikale Szene der Vereinigten Staaten haftbar gemacht, andere sprachen von japanischen Terroristengruppen oder von irgendeinem zionistischen Geheimdienstkomplott. Wie immer in solchen Fällen schossen sofort alle möglichen Verschwörungstheorien ins Kraut. An solchen Interpretationen ist zu ermessen, wie ansteckend der Wahn der Täter ist. Sie enthalten jedoch einen wahren Kern, weil sie zeigen, wie austauschbar die Beweggründe sind.«

Die Faszination für den Dschihad wurzelt in einem neuen Todestrieb in der Gesellschaft:

---

66 | M. Pohly/K. Durán, Osama bin Laden und der internationale Terrorismus, München 2001, 8.

67 | Zu den folgenden Zitaten: H.M. Enzensberger, Auch das Menschenopfer, eine uralte Gewohnheit der Spezies, erfährt seine Globalisierung. Die Wiederkehr des Menschenopfers, in: Frankfurter Allgemeine Zeitung v. 18.09.2001.

»Der individuelle Todestrip zeigt manche Ähnlichkeiten mit der Triebstruktur der Attentäter. Hier wie dort zieht der individuelle oder kollektive Selbstmörder, unabhängig davon, wie real oder imaginär der Schrecken ohne Ende ist, dem er sich ausgesetzt sieht, ein Ende mit Schrecken jeder Alternative vor. Verschieden ist lediglich die Dimension seiner Aktionen. Während der Skin nur seinen Baseballschläger, der Brandstifter nur seine Benzinflasche hat, verfügt der gutausgebildete Attentäter über Geldgeber, hochentwickelte Logistik, neueste Kommunikationsmittel und Verschlüsselungstechniken, in absehbarer Zukunft wahrscheinlich sogar über ABC-Waffen. So verschieden also die Maßstäbe des Schreckens sind, eines scheint all diese Täter zu verbinden: Ihre flottierende Aggression richtet sich nicht nur gegen beliebige andere, sondern vor allem gegen sie selbst. [...] Sein Triumph besteht darin, daß man ihn weder bekämpfen noch bestrafen kann, denn das besorgt er selbst.«

Auch die Opferbereitschaft der Anhänger des IS wird immer wieder von seinen Protagonisten hervorgehoben, etwa von Christian Emde: »Eine Armee, die bereit ist zu sterben und alles zu opfern, kann man nicht aufhalten.«[68] Enzensberger zufolge offenbart sich hier eine Art Menschenopfer, eine uralte Gewohnheit der Spezies erfahre auf diese Weise ihre Globalisierung.

Die Schwäche einer solchen Deutung, wie sie von Enzensberger vorgenommen wird, liegt allerdings darin, dass sie von Tautologien zehrt, »mit deren Hilfe der Terror entweder aus struktureller Gewalt erklärt oder aus anthropologischen Prämissen abgeleitet wird: Der Ursprung der Gewalt kommt aus dem Ursprung und moderne Gewalt kommt aus der Moderne.«[69] Dennoch: Wir werden zunehmend mit einer Gewalt konfrontiert, die um ihrer selbst willen praktiziert wird, eine absolute Gewalt, durch die der Täter eine bis dato ungekannte Souveränität zu erfahren scheint. Der Selbstmordattentäter ist ein moderner Mensch, nicht einfach Produkt des Islam, sondern auch – wie Nachrichtendienste sagen – ein »Eigengewächs«

68 | Christian Emde zit. n.: J. Todenhöfer, a.a.O., 106.

69 | T. Assheuer, Piraten der neuen Welt, in: Die Zeit, 40/2001.

nachmoderner Gesellschaften, und zwar in einem doppelten Sinn: einerseits im Blick auf die Autonomie der einzelnen terroristischen Zellen, andererseits im Blick auf die westlichen Gesellschaften. Man denke in diesem Zusammenhang etwa an die beiden Sauerland-Attentäter Daniel Schneider und Fritz Martin Gelowicz.

6. Negative Souveränität

Der Dschihadismus ist nicht Ausdruck eines Kampfes der Kulturen, sondern Ausdruck einer »Kultur des Kampfes«[70]. In dieser »Kultur« wird Gewalt habitualisiert. Wird Gewalt habitualisiert, dann ist sie Teil der Identität des Selbst. Je mehr Gewalt ausgeübt wird, desto mehr begeistert sich der Gewalttätige an sich selbst.[71] Jede neue Gräueltat scheint das Gefühl ungehemmter Selbstentgrenzung, das der junge Dschihadist erfährt, zu steigern.[72] Man denke an den 19-jährigen Firas, der voller Stolz postet, dass nach dem Verhör die Gefangenen »geschlachtet« würden.[73] Der Täter »›erlebt‹ die Qual und das Sterben seiner Opfer emotional nicht. Er ist absorbiert von und in ganz anderen Gefühlseruptionen. Absorbiert von seinem eigenen ›Wachstum‹; vom Durchbruch in den neuen, riesigen Überkörper der Überorganisation, den er erhält; den er sich erkämpft hat (als killender ›Hypermann‹); den er sich *verdient* hat«[74]. Die Täter versichern »sich des eigenen Lebens [...], indem sie andere töten. Ihr Lachen: die Bestätigung des Gelingens dieser Selbstermächtigung.«[75] Am Leid und Tod des Opfers scheint

70 | J. Joffe, Fluch der Ideologie, in: Die Zeit v. 15.01.2015.

71 | Ein solches Gewaltphänomen hat Wolfgang Sofsky klar und deutlich beschrieben: W. Sofsky, Traktat über die Gewalt, Frankfurt ²1996, 56.

72 | Vgl. dazu: ebd.

73 | Vgl. R. Misik, a.a.O.

74 | K. Theweleit, Das Lachen der Täter: Breivik u.a. Psychogramm der Tötungslust, St. Pölten/Salzburg/Wien ²2015, 51, Hervorhebung im Original.

75 | Ebd., 116.

der Täter eine absolute Souveränität zu erleben, die mit einer absoluten Freiheit einhergeht: der Freiheit von Moral, von der Gesellschaft, von zivilen und kulturellen Zwängen, nicht zuletzt von der Furcht vor dem Tod.[76]

Die Leidenschaft der Gewalt ist aber nicht besinnungslos.[77] Die Radikalisierung setzt Radikalisierungswilligkeit voraus. Der Täter »weiß genau, was er tut« – und er will, was er tut.[78] Durch die Selbstenthemmung erfährt er eine Selbstexpansion[79]: Sein kleines Ich wächst über sich hinaus. Jedes Menschenleben ist sterblich. »Der Tod ist unausweichlich. Keiner entgeht ihm. [...] Im Tod sind wir alle gleich. Der Tod ist [...] die absolute Kraft.«[80] Damit kommt das kleine Ich des Dschihadisten nicht klar. Es fürchtet den Tod. Indem es den Tod an Anderen exekutiert, fühlt es sich als jemand, der an der Kraft des Todes teilhat. An dieser Kraft teilzuhaben, scheint ihm eine große Genugtuung zu verschaffen.[81] Der Dschihadist »erlangt ein Selbstbewusstsein ohnegleichen. Er kann alles. Wer den anderen tötet, ist selbst des Todes ledig. [...] Damit einher geht ein Bewußtsein negativer Souveränität.«[82] Durch die enthemmte Gewalt scheint der Dschihadist einen »doppelten Sieg« zu erringen, indem er die eigene Sterblichkeit und die Grenzen seiner sozialen Existenz transzendiert.[83] Und so avanciert er zum negativen Helden. Zum Helden kann man sich jedoch nicht selbst machen, zum Helden wird man gemacht. Man denkt für gewöhnlich, solche Taten riefen Abscheu und Ekel hervor. Weit gefehlt: Sie üben Faszination aus. Der Täter erscheint überlebensgroß. Er zieht alle Aufmerksamkeit

76 | Vgl. W. Sofsky, a.a.O., 56/57.

77 | Vgl. dazu: ebd., 57.

78 | Ebd., 57.

79 | Vgl. dazu: ebd., 57.

80 | Ebd., 57-58.

81 | Vgl. ebd., 58.

82 | Ebd.

83 | Vgl. dazu ebd., 60.

auf sich.[84] Man werfe nur einen Blick auf die Postings des jungen Firas. Wenn er von der Schlachtung von Menschen berichtet, dann erhalten diese Meldungen oft Hunderte von Likes: »Für die, die da in ihren Jugendzimmern sitzen, und auf Like drücken und Jubelkommentare posten, ist er ein Held, ganz ohne jeden Zweifel.«[85] An dieser Stelle ist auch die kritische Frage zu stellen, ob in der Gesellschaft nicht allzu schnell das Schicksal der Opfer vergessen und alle Aufmerksamkeit dem Täter gewidmet wird.[86] Die Täter möchten alle Aufmerksamkeit auf sich ziehen. Man denke etwa an die Kouachi-Brüder: »Sie sind nichts. Null. Sie wollen aber was sein.«[87] Vergeblich versuchte Chérif Kouachi Profifußballer zu werden.[88] Dafür hat sein Talent aber wohl nicht gereicht. Wie großartig muss für ihn das Gefühl gewesen sein, von 80.000 Polizisten gejagt zu werden?

Dschihadismus steht für die Umwertung der Werte. In ihm offenbart sich eine autotelische Gewalt: »Die Gewalt vermittelt eine Botschaft. Aber Gewalt ist auch die Botschaft.«[89] Am Ende steht der Tod. Er gilt allen Ungläubigen. Die Feindschaft des Dschihadismus ist unkalkulierbar. Jeder kann jederzeit zum Feind werden. Das zeigt sich insbesondere an der Feindschaft gegenüber »Ungläubigen«. Deren Leben sei, so Christian Emde, grundsätzlich nicht geschützt[90] – wobei die Bestimmung, wer denn gläubig oder ungläubig ist, willkürlich ist. So wurde der US-amerikanische Entwicklungshelfer Peter Kassig 2014 hingerichtet, obwohl er bereits 2013 in der Gefangenschaft zum Islam konvertiert war. Daran er-

84 | Vgl. dazu: ebd., 62.

85 | R. Misik, a.a.O.

86 | Vgl. dazu: W. Sofsky, a.a.O., 62/63.

87 | T. Avenarius/H. Leyendecker/A. Rühle/C. Wernicke, Euro-Dschihad, in: Süddeutsche Zeitung v. 12.01.2015.

88 | Vgl. H. Dambeck/G. Diez/B. Hengst/J. Amalia/M. v. Rohr/S. Salden/S. Shafy/H. Stark/P. Truckendanner/A. Windmann, »Das waren gute Kinder«, in: Der Spiegel 4/2015, 76-84, 78.

89 | K. Theweleit, a.a.O., 57.

90 | Vgl. J. Todenhöfer, a.a.O., 153.

kennt man, dass Dschihadismus letztlich auf der Naturalisierung von Ungleichheit basiert. Christian Emde liefert auch gleich die Freisprechung von Schuld für die Ermordung »Ungläubiger«: »Ein schlechter Muslim, der lügt, betrügt und tötet, ist Allah lieber als ein Nichtmuslim, der den ganzen Tag Gutes tut.«[91] Alle Anderen sind potenzielle Ungläubige. Diese Ausweitung findet sich auch im Salafismus, zumindest in der Version des Salafisten Pierre Vogel: »Wer behauptet, Juden und Christen sind nicht *kuffar* (Ungläubige), ist selber *kafir* (ungläubig)!«[92] Um Irritation zu erzeugen, lassen die Dschihadisten von Zeit zu Zeit auf ihre Hinrichtung wartende »Ungläubige« frei. Dschihadismus steht nicht für Leben, sondern für Tod. Dschihadismus bewahrt nicht, er vernichtet. Der libanesische Dichter Abbas Beydoun bringt es auf den Punkt: »Der Tod ist die Botschaft.«[93] Und so hatten denn auch »diejenigen, die die Anschläge in New York und Washington verübten, [...] weder verhandelt noch Forderungen gestellt, noch an irgendjemand eine Botschaft gerichtet«. Es ging ums Töten: »Töten ohne geistige oder politische Rechtfertigung. Töten nicht als Mittel, sondern als Zweck. [...] Die Mörder haben weder eine Botschaft gesendet noch eine Erklärung gegeben. Es war ein Verbrechen gegen sie selbst, gegen Unschuldige, möglicherweise auch gegen Araber und Muslime. Die Mörder waren überzeugt, dass es keine Sprache mehr zwischen ihnen und irgendjemand anderem gibt.«[94]

Dschihadismus ist Todesbereitschaft. In ihrer Videobotschaft im April 2009 präsentieren sich die Chouka-Brüder als über den Tod erhaben: »Wenn der Feind uns in einigen Schlachten tötet und meint gesiegt zu haben, so sagen wir zu ihm: Wir sind nicht nur auf das Schlachtfeld gekommen, um zu töten, nein, vielmehr sind wir gekommen, um getötet zu werden, der Glücklichste ist der, der auf

91 | Zit. n.: ebd., 214.

92 | Zit. n.: H. Abdel-Samad, Der islamische Faschismus. Eine Analyse, München 2014, 185.

93 | A. Beydoun, Der Tod ist die Botschaft, in: ZEITdokument 2/2001.

94 | Ebd.

Allahs Weg umkommt.«[95] Aber diese Todesbereitschaft gründet in Todesfurcht. Um ihr zu entgehen, benutzt der Dschihadist den Anderen als Todableiter. Der Tod trifft immer den anderen. Und wenn er den Dschihadisten trifft, dann nur als gemeinsamer Tod, als in den Tod rennende Masse oder als Tod in der Masse. Der in den Tod Rennende braucht sich keine Gedanken zu machen, nehmen ihm doch die anderen das eigene Sterben ab. Zudem wirkt der Hass wie ein Delirium. Über den von Hass Trunkenen verliert der Tod seine Macht. Die Ideologie verstärkt diese Tendenzen. So bleibt verhüllt, dass jeder Einzelne letztlich nur »Teil einer namenlosen Kriegsmasse« ist, die von den Führern »verheizt« wird.[96] Diese Gemengelage verleiht dem Dschihadisten seine einzigartige Destruktionskraft und Unangreifbarkeit.

Dem Dschihadisten wird die Gewalt zur Religion. Aber um was für eine Religion handelt es sich, wenn die Gewalt zur Religion wird? Eine Religion der Gewalt kennt nur noch diese. Sie macht Gewalt zu ihrer Lebensform. Dadurch entsteht eine Entgrenzung, denn eine derartige Gewalt besitzt keinerlei Realitätssinn mehr. Eine solche Gewalt lässt sich nicht allein aus den bekannten Formen von Religion erklären.

Durch die Medien wird das Morden »zu einem gigantischen öffentlichen Spektakel«, das den Tätern »das Gefühl verleiht, großartig und lebendig zu sein, wobei der eigene nahende Tod gar nicht mehr wahrgenommen wird. Die Gewalt und ihre spektakuläre Inszenierung werden zum Lebenszweck, das Leben selbst wird dabei aber genauso verleugnet und verneint wie der Tod. Sie sind also von sich selbst abgespalten, um den Tod als Leben inszenieren zu können. Es ist diese Selbstzerstörung, die allen terroristischen Akten gemeinsam ist. Wir neigen dazu, ihre Ideologie als die Motivation zu interpretieren, weil wir unser Tun mit rationalen Beweggründen

---

95 | Die erste Videobotschaft der Chouka-Brüder, in: R. Clement/P.E. Jöris, a.a.O., 244-253, 249.

96 | »Deutsche Dschihadisten werden vom IS verheizt«, in: http//www.faz.net/-gpf-80na1 (letztes Zugriffsdatum: 13.04.2015).

erklären. So führen wir jedoch nur uns selbst an der Nase herum, um nicht zu erkennen, dass es nicht um abstrakte Gedanken geht, sondern um Todessehnsucht, die einem leeren Selbst dazu dienen, vor dieser Leere davonzulaufen. Die in unserer Kultur übliche Betonung der Intellektualität verführt uns und verneint dabei, dass sie eine Trennung von Gefühlen bewirkt.«[97] Der Psychoanalytiker Arno Gruen bringt es auf den Punkt: »Die tödliche Motivation kommt [...] vor der Ideologie. Diese soll nur die wahren Antriebskräfte verschleiern; die Ideologie ist niemals selbst Motivation.«[98]

Der Dschihadismus ist ein enthemmter Terrorismus, dem das Verlangen nach absoluter Macht inhärent ist. Die Ausübung dieser Macht scheint insbesondere westlichen Dschihadisten ein Surrogat für das zu bieten, was in nachmodernen Gesellschaft zu fehlen scheint: Sinn. Dieser Sinn besteht aber nicht mehr in einem Ja zum Leben, nicht im emphatischen Nein zum Nichtsein, sondern im Ja zum Nichts. Aber irgendwann wird sich diese Neutralisierung gegenüber den Leiden und Ansprüchen des Anderen gegen sich selbst wenden: Hätten die Dschihadisten sich die Welt unterworfen, alles, was anders ist, ausgelöscht, setzte sich der Kampf letztendlich im Akt der Kannibalisierung fort. Diese Tendenz zur Selbstzerstörung, die dem aktiven Nihilismus immanent ist, wird zumeist übersehen, da die Gewalt des IS laut hiesiger Berichterstattung immer Andersgläubige trifft.[99] »Nur: Die meisten Opfer des IS 2014 in Syrien waren Sunniten, in der ersten Jahreshälfte vor allem Rebellen aller Fraktionen bis hin zur Nusra-Front, in der zweiten Jahreshälfte vor allem Zivilisten. Terror gegen Minderheiten wird wahrgenommen, Terror gegen die (sunnitische) Mehrheit wird weitgehend ignoriert, er passt nicht in das Bild, das wir uns vom IS machen.«[100] Im Dschihadismus des IS werden an erster Stelle Mitglieder der

97 | A. Gruen, a.a.O., 18.

98 | Ebd.

99 | Vgl. C. Reuter, a.a.O., 242.

100 | Ebd., 242.

eigenen Glaubensgruppe gemetzelt.[101] »Am Ende könnte der ›Islamische Staat‹ sich selbst zum größten Gegner werden: Spätestens dann, wenn es ihm nicht mehr gelingt, die inneren Widersprüche seines Staates auszubalancieren oder zumindest unter Kontrolle zu halten. Denn der Ruf zum Dschihad ist grundsätzlich ein grandioses Mittel zum Machterwerb, aber ein schlechtes Mittel zum Machterhalt. [...] Der IS lebt von Bedürfnissen, die er nicht dauerhaft befriedigen kann. Doch bis dieses Ungleichgewicht zu seinem Sturz führt, kann es lange dauern.«[102]

Aber nicht alle Kämpfer wollen aktive Nihilisten sein: Salim, Dschihadist aus Frankfurt, Mitglied von Jund Al Aqsa, setzt sich ausdrücklich vom aktiven Nihilismus des IS ab.[103] Er besteht darauf, »ein guter Mensch« werden zu wollen.[104] Gutes tun – das sei seine Motivation gewesen, um Dschihadist zu werden:

»Ich hab 'ne Ausbildung als Sport- und Fitnesskaufmann gemacht. Davor bin ich im Heim aufgewachsen. In einer Wohngruppe und was weiß ich. Die Deutschen können jetzt natürlich sagen: ›Boah, Migration, schwere Vergangenheit, das ist der Grund, warum er in den Jihad ist.‹ Nein. Es stimmt zwar, dass ich im Heim war, nicht gut in der Schule war und da nur Bockmist gebaut habe [...]. Das ist aber nicht der Grund, warum ich hierhergekommen bin. Kurz bevor ich hierhergekommen bin, ging es mir nämlich super. Ich habe viel Geld gemacht [...]. [...] Aber ich wusste ganz klar, dass ich eines Tages sterben werde, und wie gesagt, ich will nicht in die Hölle [...]. [...] Und dann hab ich gesagt [...]. Ich muss mein Leben ändern [...].«[105]

Auf die Frage »Wenn jetzt bei euch ein Alawit durch die Straßen läuft, was passiert dann mit ihm?« antwortet er: »Er hat seine Religion, ich habe meine Religion. Er greift mich nicht an, ich greif

101 | Vgl. dazu: ebd., 243.

102 | Ebd., 329.

103 | Vgl. dazu: J. Todenhöfer, a.a.O., 47-72.

104 | Ebd., 47.

105 | Ebd., 63.

ihn nicht an. Dann kann er doch durch die Straßen laufen. Beim IS wäre er sofort tot. Aber wir sind nicht so.«[106] Für Salim ist der 11. September nicht Teil des Dschihad: »Jihad ist, wenn man arme Menschen schützt, ihnen hilft, nicht, wenn man Unschuldige tötet.« Sein Urteil über den IS fällt eindeutig aus: »Der IS tötet einfach. Das sind Mörder.«[107]

Es gibt auch Freiwillige für den Dschihad, die im IS wirklich einen islamischen Staat suchen, aber sehr schnell die Doppelmoral erkennen und sich von diesem totalen Dschihadismus abkehren. So nennt Achmed Abu Hamsa, ein ehemaliger Kommandeur beim IS, die IS-Dschihadisten »Lügner und Heuchler«: »Der Koran sagt, wir sollen Ungläubige bekämpfen, die Gott leugnen, die unseren Glauben verspotten oder Muslime angreifen. Der Kampf endet erst, wenn die Ungläubigen kapitulieren oder tot sind. Getötet werden aber nur männliche Kämpfer, nicht Frauen und Kinder.«[108] Dass es jedoch zwischen diesem Dschihadverständnis und dem des IS einen fließenden Übergang gibt, scheint Achmed Abu Hamsa nicht klar zu sein oder er verdrängt es.

7. Das faschistische Syndrom

Der Dschihadismus ist seit seiner Entstehung im Kontext der Muslimbruderschaft mit den europäischen Faschismen verbunden.[109]

106 | Ebd., 60.

107 | Ebd., 64/65.

108 | »Es sind Lügner und Heuchler«. Ahmed Abu Hamsa war Kommandeur beim »Islamischen Staat«, in: Die Zeit v. 18.09.2015.

109 | Eine einführende Übersicht findet sich bei: H. Abdel-Samad, a.a.O., 29-57. Navid Kermani spricht im Blick auf dschihadistische Gewalt von »einer islamische[n, J.M.] Spielart des Faschismus« (N. Kermani, »Religion ist eine sinnliche Erfahrung«, in: www.zeit.de/2015/34/navidkermanichristentum kunstunglaeubigesstaunen (letztes Zugriffsdatum: 06.09.2015). Die Politikwissenschaftler Hendrik Hansen und Peter Kainz sehen nicht nur Ähnlich-

Die Figur, die wie kaum eine andere eine theoretische Scharnierfunktion zwischen Dschihadismus und Faschismus wahrnimmt, ist Sayyid Qutb. Auch wenn der Name »Qutb« in den Aussagen der IS-Dschihadisten selten genannt wird, ist die Ideologie des IS von seinem Denken imprägniert. Qutb, 1906 in Ägypten geboren, war einer der führenden Theoretiker der Muslimbruderschaft. 1966 wurde er wegen seiner Schrift »Milestones«[110] des Hochverrats angeklagt und gehängt.[111] Der Westen galt Qutb als dekadent, als unfähig, eine Werteordnung zu etablieren. Einzig der Islam sei in der Lage, eine solche Ordnung zu garantieren, aber nur, wenn er zur koranischen Epoche zurückkehre und eine neue Glaubensreinheit herstelle.[112] Der Dschihad sei der Weg zu diesem Ziel.[113] Gegen die Dekadenz, von der sich der Dschihadist umgeben sieht, setzt er auf eine neue Vitalität, die erst durch den Kampf entfacht werde. Das Leben ist für ihn so sehr vom Kampf bestimmt, dass der Dschihad zum Dreh- und Angelpunkt seiner Weltanschauung avanciert. Der Dschihad mutiert in diesem Denken zur sechsten Säule des Islam.[114] Und so wird im Dschihadismus die Differenzierung zwischen dem großen Dschihad, dem Kampf gegen die inneren Schwächen, und dem kleinen Dschihad, der militärischen Selbstverteidigung, eingerissen, die sich in der islamischen Tradition herausgebildet hat.[115]

---

keiten mit dem Nationalsozialismus, sondern auch mit dem Marxismus: H. Hansen/P. Kanz, Radical Islamism and Totalitarian Ideology: a Comparison of Sayyid Qutb's Islamism with Marxism and National Socialism, in: Totalitarian Movements and Political Religions, Vol. 8, No 1/2007, 55-76.

110 | S. Qutb, Milestones. Maʿālim fiṭ-arīq, Neu Dehli 2014.

111 | Vgl. dazu: B. Zehnpfennig, Das Weltbild von Sayyid Qutb. Der Dschihad als Verwirklichung des richtigen Lebens, in: G. Hirscher/E. Jesses (Hg.), Extremismus in Deutschland. Schwerpunkte, Vergleiche, Perspektiven, Baden-Baden 2013, 327-345, 328-330.

112 | Vgl. ebd., 331-340.

113 | Vgl. ebd., 340.

114 | Vgl. H. Abdel-Samad, a.a.O., 78.

115 | Vgl. dazu: B. Zehnpfennig, a.a.O., 341.

Der physische Kampf, so Qutb, sei nämlich »für den einzelnen von größter Wichtigkeit, denn während er mit anderen Menschen ringt, bekämpft er auch sich selbst und seine eigenen Schwächen.«[116] Der große Dschihad wird nun Teil des kleinen, der militärischen Auseinandersetzung. Im Dschihadismus wird nicht nur die Priorisierung umgedreht, so dass der kleine Dschihad nun an erster und der große an zweiter Stelle rangiert. Nein, der große Dschihad wird im kleinen aufgehoben. Der Ort, an dem der Muslim seine inneren Schwächen bekämpft, sei der Krieg gegen die anderen. In der Tötung des Anderen töte er seine Leidenschaften ab. Aus diesem Grund müssten Dschihadisten lernen, Empathie zu neutralisieren. Denn nur Menschen ohne »Mitgefühl für das Lebendige in sich und in anderen Menschen [...] können tatsächlich töten«[117]. Die Enthemmung des Dschihadismus wird offenbar durch das »unterschiedslose[n] Töten von Zivilisten und [das, J.M.] [...] Selbstmordattentat als militärische Strategie. Eine Rechtfertigung der Dschihadisten für das Töten von Zivilisten ist die pauschale Verurteilung aller nichtislamischen Gesellschaften als ungläubig, wie sie Qutb vorgenommen hat«.[118] Damit werden alle Nichtgläubigen für vogelfrei erklärt. Sie fallen nicht mehr unter das koranische Tötungsverbot, Mitleid ihnen gegenüber ist nicht angebracht.[119]

Die Totalität des Dschihad erfährt eine weitere Verschärfung dadurch, dass »das islamische Konzept der überindividuellen umma auf westliche Demokratien übertragen [wird, J.M.]: So wie ein Muslim für die gesamte umma verantwortlich sei, seien die Bürger westlicher Demokratien für ihre Regierungen verantwortlich, ob sie sie nun gewählt haben oder einfach nur unter ihnen leben und mit ihren Steuern deren Kriege finanzieren. Der Strick wird hier

116 | Zit. n.: B. Zehnpfennig, a.a.O., 341.

117 | A. Gruen, a.a.O., 22.

118 | C. Kühne, Der »Heilige Krieg« im 21. Jahrhundert. Genese, Prämissen und Logik der modernen Dschihad-Doktrin, in: www.ipw.rwth-aachen.de/for_select.html (letztes Zugriffsdatum: 21.08.2015), 30.

119 | Ebd.

also aus der Volkssouveränität gedreht. Das Ignorieren jeglicher Individualität in einer homogenen Feindmasse aus Ungläubigen erleichtert letztlich das Töten: Ein im Kollektiv gesichtsloser Feind lässt sich leichter hassen als ein persönlich bekanntes und vertrautes Individuum.«[120]

Der Dschihadismus teilt viele Symptome mit den europäischen Faschismen. Das heißt jedoch nicht, dass er mit dem europäischen Faschismus gleichzusetzen ist, wohl aber, dass es aufschlussreich ist, ihn als ein Faschismus-Syndrom zu deuten. Faschismus präsentiert sich als Sorge um die »Kultur«.[121] Wobei »Kultur« im faschistischen Verständnis nur von »souveränen, kriegerischen, in sich antagonistischen Gesellschaften« hervorgebracht wird. Faschismus zielt auf die Maximierung und Ontologisierung von Ungleichheit. Seine Anhänger besitzen ein ausgeprägtes Überlegenheitsgefühl. Das Führerprinzip ist für jeden Faschismus unabänderlich. Das gilt auch für den IS. Nun steht zwar an der Spitze des IS kein Führer, sondern ein Kalif. Aber dieser Kalif ist nichts anderes als ein Führer im faschistischen Sinn. Wäre er Kalif im koranischen Sinn, so müsste er Kalifsein als eine Statthalterschaft verstehen, in der er die Verantwortung für die Schöpfung übernimmt. Kalifsein setzt nämlich eine bestimmte Grundhaltung voraus: Gerechtigkeit und Frieden stiften.[122] »[...] wer erbarmungslos Menschen bestraft und sie Grausamkeiten aussetzt, der hat seine Statthalterschaft im qur'anischen Sinne verfehlt.«[123] Barmherzigkeit ist das Fundament dieser Statthalterschaft[124] – nicht so im IS. Im Führerprinzip kulminiert

---

120 | Ebd.

121 | Vgl. E. Nolte, Der Faschismus in seiner Epoche. Action française. Italienischer Faschismus. Nationalsozialismus, München/Zürch [6]1984, 511.

122 | So H. Mohagheghi, in: Frauen für den Dschihad. Das Manifest der IS-Kämpferinnen. Mit einem Kommentar von H. Mohagheghi, Freiburg 2015, 98/99.

123 | Ebd., 101.

124 | Ebd., 101.

zum einen die Maximierung von Ungleichheit[125]; zum anderen verhindert gerade diese Identifikation mit dem Führer »die Entfaltung eines eigenen Selbst und dadurch die Entwicklung wahrer Selbstbestimmung und Verantwortung«[126]. Zum Faschismus gehört zudem eine Dauermobilisierung. Sie soll vor Lethargie schützen. Dazu bedarf es immer wieder der Personalisierung und Emotionalisierung anonymer Prozesse.[127] Die Vereinheitlichung der Bewegung basiert auf einem paranoiden, geschlossenen Weltbild.[128] Ein wesentliches Moment des Faschismus-Syndroms ist, dass »die Gesamtpersönlichkeit [...] mit totaler Politisierung ›in die Pflicht genommen‹ und jede andere Loyalität (Familie, Religion, individuelles Gewissen usw.) ausgeschaltet« wird.[129] Abu Loth sagt, »dass er sogar gegenüber seinen Familienmitgliedern Hass empfinde, weil sie nicht den wahren Glauben annähmen. »Die Liebe zu Allah ist das Größte, das Wichtigste.«[130] In der Selbstaufgabe im großen Ganzen findet das Individuum »Erlösung von Schuld und individueller Todesfurcht«[131]. »Härte, Unduldsamkeit, Rücksichtslosigkeit werden zu Tugenden des deutlich sadomasochistischen ›neuen Menschen‹, der unter der Maske totalen Idealismus fanatisch und nihilistisch extreme ›Endlösungen‹ begünstigt und diese möglichst rasch herbeiführen will.«[132]

Geht es in zivilisierten Gesellschaften um Aggressionshemmung, so hier, im Faschismus, um Aggressionserlaubnis.[133] Verhaltensweisen, die sonst verboten sind, werden nun erlaubt. Daher verwundert es auch nicht, dass es im Dschihadismus beispielsweise

125 | Vgl. F. Hacker, Das Faschismus-Syndrom. Analyse eines aktuellen Phänomens, Frankfurt 1992, 35, 42ff.

126 | A. Gruen, a.a.O., 19.

127 | Vgl. F. Hacker, a.a.O., 50/51.

128 | Vgl. ebd., 60.

129 | Vgl. ebd., 65.

130 | J. Todenhöfer, a.a.O., 257.

131 | F. Hacker, a.a.O., 92.

132 | Ebd., 65.

133 | Ebd., 72.

so etwas wie einen »Sex-Dschihad« (H. Abdel-Samad) gibt: außereheliche Sexualität als Motivationsressource.[134]

Gerade im Faschismus zeigt sich ein Intimverhältnis zur Gewalt. Es gibt zwar auch andere Herrschaftsformen, die äußerst gewalttätig sind, der Faschismus verwendet jedoch »Gewalt nicht nur bedenkenlos und schnell, sondern auch lieber als andere Mittel«[135]. Gewalt ist hier libidinös besetzt. »Gewalt ist Liebesersatz oder besser Liebesobjekt, da Gewalt (wie es bei der echten Liebe sein soll), nicht nur wegen eigener Bedürfnisbefriedigung und wegen anderer Vorteile vorgezogen, sondern um ihrer selbst willen geliebt wird.«[136] Das Bekennerschreiben von al-Qaida zu den Anschlägen in Madrid, denen am 11. März 2004 191 Menschen zum Opfer fielen, bringt diese libidinöse Beziehung zur Gewalt auf den Punkt: »Ihr liebt das Leben, wir lieben den Tod.« Bekanntlich lautete der Schlachtruf der spanischen Faschisten: »Viva la Muerte – Es lebe der Tod!« Es zeichnete gerade den Hitlerischen Radikalfaschismus aus, dass er den Naturgrund des Zusammenlebens als einen »Todeskampf der souveränen, kriegerischen, in sich antagonistischen Gruppe«[137] verstand.

Der eigentliche Feind der Faschisten ist die »Freiheit zum Unendlichen«[138]. Faschismus kann deshalb definiert werden als »Widerstand gegen die praktische Transzendenz und Kampf gegen die theoretische Transzendenz in einem«[139]. Mit praktischer Transzendenz ist das Streben nach Emanzipation[140] bezeichnet und mit theoretischer Transzendenz ein geistiges Überschreiten »über alles Gegebene und Gebbare in Richtung eines absoluten Ganzen«[141]. Dieses absolute Ganze steht für die Aufhebung des von den Faschis-

134 | Vgl. H. Abdel-Samad, a.a.O., 129-139, hier: 139.

135 | Vgl. Hacker, ebd., 126.

136 | Ebd., 126.

137 | Vgl. E. Nolte, a.a.O., 515.

138 | Ebd., 516/517.

139 | Ebd., 544.

140 | Vgl. ebd., 520, 541.

141 | Ebd., 520.

ten ontologisierten Todeskampfes, für ein Horizontbewusstsein, in dem das Ganze der Welt erfahrbar wird.[142] Aus diesem Grund hassten die Faschisten den jüdischen Monotheismus, da dieser als Freiheit zum Unendlichen die endliche Freiheit immer wieder neu in Klammern setzt und so zur permanenten Veränderung animiert.[143] Für die Faschisten war klar: »Wenn aber Elenemtarinstinkt und Gruppenzugehörigkeit ›Natur‹ sind, dann ist das, was selbst sie in Klammern setzt, Widernatur.«[144] Auch im Dschihadismus wird die Idee einer gesunden, wahren Natur vorausgesetzt. Diese wird jedoch nicht durch den Antagonismus biologisch definierter Rassen beherrscht, sondern durch den Kampf zwischen »Glaubensklassen« (S. Qutb).[145]

8. Die Sorge um die »Kultur«

Ähnlich wie der Faschismus kommt auch der Dschihadismus als Sorge um die »Kultur« daher. Dabei setzt er nicht nur auf Gesundheitsfürsorge, Verbraucherschutz und Infrastrukturmaßnahmen, wie beispielsweise an der Art und Weise erkennbar wird, wie er versucht, Mädchen und junge Frauen für seine Anliegen zu gewinnen. Es ist von ca. 100 Frauen aus Deutschland die Rede, die in Syrien vermisst werden.[146] »[...] dass junge Mädchen in ein Kriegsgebiet reisen, um sich fremden, vom Töten verrohten Männern als Ehefrauen anzudienen, als Erst-, Zweit-, Dritt- oder Viertfrau – das hat erst der Isla-

142 | Vgl. ebd., 520.

143 | Vgl. ebd., 186/187.

144 | Ebd., 186.

145 | R. Walther, Die seltsamen Lehren des Doktor Carrel. Wie ein katholischer Arzt aus Frankreich zum Vordenker der radikalen Islamisten wurde, in: Die Zeit v. 31.07.2003.

146 | Vgl. K. Riedel/G. Heil/V. Kabisch, Dschihad rosarot, in: Süddeutsche Zeitung v. 27./28.06.2015.

mische Staat geschafft.«[147] Für Frauen ist es leichter, in den Dschihad zu ziehen, sie gelten als weniger verdächtig.[148] Vor Kurzem wurde das so genannte »Manifest der IS-Kämpferinnen« in deutscher Sprache veröffentlicht.[149] Hier präsentiert sich der IS als »ein Erdkreis der Zivilisation«[150]. Autorinnen dieses Manifests sind vermutlich britische und französische Frauen aus dem Umfeld der Al-Khansaa-Brigade.[151] Was als ein Dokument der Sorge daherkommt, ist allerdings nichts anderes als »ein Dokument der Verachtung der modernen Lebensweise nach westlichem Vorbild sowie der Schmähung der angeblich dekadenten westlichen Welt und ihrer arabisch-muslimischen Verbündeten«[152]. Den Frauen wird gesagt, dass es ihnen nur im IS möglich sei, ihrer »Natur« gemäß zu leben. Zur Untermauerung dieser Aussage wird auf »neue« Einsichten in der westlichen Welt hingewiesen: »Um die Richtigkeit dieses Konzeptes zu begründen, werden Kindergeld, Mutterschutzgeld und weitere Hilfen für Familien in der westlichen Welt als staatliche Prämien bezeichnet, die die Frauen in ihr Haus zurückbringen wollen: ›Wir sehen sogar, dass die Regierungen einiger Staaten Gehälter und Prämien anbieten, damit Frauen in ihr Haus zurückkehren und ihre Kinder erziehen.‹ Die Aussage dahinter: Der Westen versucht aufgrund seiner widernatürlichen Rollenverteilung durch materielle Verlockung die Frauen wieder zu ihrer ›eigentlichen Rolle‹ zurückzubringen.«[153]

Die Islamwissenschaftlerin Hamideh Mohagheghi schreibt: »Für Mädchen und Frauen, die tatsächlich ihr Leben der Familie zuhause widmen wollen, eben als Hausfrau, kann das Versprechen des Manifests verführerisch sein. Denn der ›Islamische Staat‹ behauptet, solchen Frauen die Anerkennung für ihr Lebensmodell zu

147 | Ebd.

148 | Vgl. Frauen für den Dschihad, a.a.O., 90.

149 | Ebd.

150 | Ebd., 88.

151 | Ebd., 90.

152 | H. Mohagheghi, in: ebd., 90.

153 | Ebd., 93.

gewähren, die ihr die westliche Gesellschaft verwehrt. Diese Punkte, Anerkennung und Wertschätzung, besonders wenn sie mit bereits genannten Fragen wie der nach der eigenen Rolle, der Identität und einem erfüllten Leben zusammentreffen, bilden für viele der jungen Kämpferinnen gewichtige Gründe.«[154] Ein Unterschied zur Anwerbung junger Männer wird aber auch deutlich: Mit dem Töten wird in diesem Manifest nicht geworben. Wenn das Töten im Dschihadismus eine männliche Domäne ist, wäre zu fragen, ob man im Blick auf die jungen Frauen von Dschihadistinnen sprechen kann oder ob es sich hier nicht eher um Islamistinnen handelt. Die jungen Frauen werden jedoch nicht nur durch die Lektüre dieses Manifestes motiviert, Kämpferinnen zu werden, sondern auch durch Internetbotschaften. Zudem ist bekannt, dass IS-Frauen der Al-Khansaa-Brigade aktiv an Folterungen beteiligt sind.[155] Und nicht nur das: Sie sollen zudem Bordelle mit Sexsklavinnen betreiben.[156]

In seiner Sorge um die »Kultur« gibt der Dschihadismus allerding das Lokale und damit letztlich das Kulturelle preis. Diese Preisgabe zeigt, dass er als modernes Phänomen auch ein Produkt von Globalisierungsprozessen und ihren Ungleichzeitigkeiten ist. Der Dschihadismus unterscheidet sich jedoch von anderen modernen Globalisierungsphänomenen durch seine völlige Deterritorialisierung und Dekulturierung. Losgelöst von Orten, Kulturen und religiösen lokalen Traditionen schwebt er als eine Phantasmagorie herum. Aus diesem Grund kann er auch nicht widerlegt werden. Seine rückwärtsgewandte Utopie einer urkoranischen Gesellschaft, wie sie zur Zeit von Muhammad und seinen direkten Nachfolgern existiert haben soll, ist das Phantasieprodukt ihrer Vertreter.

---

154 | Ebd., 131.

155 | Vgl. IS-Frauen foltern mit dem »Beißer«, in: www.n-tv.de/politik/IS-Frauen-foltern-mit-dem-Beisser-article14460851.html (letztes Zugriffsdatum: 05.09.2015).

156 | Vgl. Sexsklaverei für den IS, in: www.n24.de/n24/Nachrichten/Politik/d/5386186/dschihadistinnen-sollen-bordelle-betreiben.html (letztes Zugriffsdatum: 06.09.2015).

Als deterritoriale Weltanschauung strebt der Dschihadismus die Weltherrschaft an. Diese Radikalisierung zeigt sich auch in der Namensgebung: Nachdem Al Baghdadi zunächst ISI in ISIS umbenannt hatte, sprach er schließlich nur noch vom IS. So wurde jegliche geographische Begrenzung aufgehoben.[157] Osama bin Laden hat für ein solches Projekt die Voraussetzungen geschaffen, indem er den Islam, wie Olivier Roy formuliert, »de-orientalisiert« hat: »Bin Laden hat dem Islam die Kultur entzogen, und so hat er ihn attraktiv gemacht als globale Ideologie.«[158]

Eine dekulturierte Religion ist strukturell totalitär, da ihr Korrektiv abhandengekommen ist: die Kultur. Sie will das Andere, das Heidentum, ausmerzen, während eine akkulturierte Religion sich der herrschenden Kultur anpassen will; eine inkulturierte wiederum versucht, »im Zentrum einer bestimmten Kultur Fuß zu fassen. Sie exkulturiert sich, wenn sie sich von einer dominierenden Kultur zurückzieht, an der sie teilhat, die ihr aber auf einmal oder nach und nach negativ, ›heidnisch‹ oder areligiös und darum zerstörerisch erscheint […]«[159]. Im Streben nach der Auslöschung des Anderen zeigt sich, dass der Dschihadismus vollkommen dekulturiert ist.[160] Christian Emde spricht davon, dass der Prophet Mohammed den Anspruch gehabt habe, »dass der Islam irgendwann die ganze Welt beherrschen wird. Das wird geschehen, das ist ein Teil unseres Glaubens, und dementsprechend kann ich sagen: Der Islamische Staat wird die ganze Welt beherrschen.«[161]

Dschihadismus ist eine Phantasmagorie und als solche mit Argumenten nicht widerlegbar: »Jeder Sieg ist ein Gottesbeweis, jedes Scheitern eine Prüfung.«[162] Indem der Dschihadist über das Leben

157 | Vgl. J. Todenhöfer, a.a.O., 16.

158 | O. Roy, zit. n.: S. Vahabzadeh, a.a.O.

159 | Ders., Heilige Einfalt. Über die politischen Gefahren entwurzelter Religionen, München 2010, 61.

160 | Vgl. dazu: ebd., 60.

161 | J. Todenhöfer, a.a.O., 85/86.

162 | C. Reuter, a.a.O., 325.

anderer als Besitz verfügt, phantasiert er, »sein eigenes Leben im Griff zu haben«[163].

Als Langzeitperspektive im Kampf gegen den Dschihadismus des IS schlägt der IS-Experte Christoph Reuter die Sicht eines Mannes vor, der am Rande des »Kalifats« lebt: »Vor uns liegt das dunkle Zeitalter des Islam. Und das ist gut so. Eine Errettung von außen wäre falsch. Wir müssen den Terror der Islamisten durchleben. Nur so werden die Menschen erkennen, dass Glauben und Politik eine tödliche Mischung sind, die zu nichts anderem führt als einem Machtmissbrauch im Namen Gottes.«[164]

In dieser Deutung wird dem Dschihadismus eine kathartische Funktion zugesprochen. Nolens volens wird dadurch das Leiden anderer mit Sinn belegt. Das Leiden anderer mit Sinn zu belegen ist jedoch, wie der Philosoph Emmanuel Lévinas aufgezeigt hat, der Boden der Unmoral. Eine solche Form von Katastrophendidaktik ist aus moralischer Perspektive abzulehnen.

9. Die »Verwaltung der Barbarei«

Ein Blick auf die Strategie des IS offenbart das zugleich Zweckrationale und Wahnhafte. Für Christoph Reuter liegt das radikal Neue des IS nicht in einer Radikalisierung des Glaubens: »Der IS glaubt nicht und hofft schon gar nicht, sondern verfolgt mit strategischer Planung und nüchterner Berechnung seine Ziele.«[165] Im tiefsten Inneren steckt Kalkül, nicht Glaube.[166]

Es ist schwer vorstellbar, aber Menschen in Mossul haben die Ankunft des IS begrüßt – und das, obwohl sie von den Grausamkeiten Kenntnis hatten. Der Grund: Man konnte das Chaos vor Ort nicht mehr ertragen. Angesichts der sich ausbreitenden Barbarei erscheint

163 | A. Gruen, a.a.O., 23.

164 | C. Reuter, a.a.O., 330.

165 | Ebd., 204.

166 | Ebd.

der IS als kleineres Übel.[167] Der IS löste das Chaos allerdings durch Angst ab[168]: »Hinrichtungen in Mossul kommen plötzlich auf die öffentlichen Plätze, in die Parks, in die Straßen. Die Routine, mit der sie vollzogen werden, ist Kalkül, Ausdruck der Verachtung, die der ›Islamische Staat‹ politischen Gegnern entgegenbringt. Hinrichtungen sollen kein Spektakel sein, sondern alltägliche Verrichtung, ganz banal, im Morgenverkehr, wie ein Autounfall.«[169]

Enthauptungen, Kreuzigungen und das Abhacken von Händen sind Teil des Strafcodes in Ländern wie Saudi-Arabien. Aber der IS geht weiter: Durch die öffentliche Verbrennung des jordanischen Piloten hat er die Grenzen bekannter Strafcodes überschritten.[170] Und es ist die »kalte Unbarmherzigkeit der militärischen Strategie« des IS, so Alastair Crooke, ehemaliger Diplomat und ehemaliges Mitglied des britischen Geheimdienstes, welche »[...] die Begeisterung sunnitischer Muslime überall«[171] stimuliert. Hinter dieser Barbarei steckt eine, wie der Journalist Hassan Hassan vermerkt, »brutale Logik«[172]. Diese Logik wird in dem Strategiepapier »The Management of Savagery« ausgebreitet. Dieses Papier ist »Teil der ideologischen DNA«[173] des IS. In diesem Dokument wird offenbar, dass Barbarei der Schlüsselbegriff des Dschihadismus ist. Um das Verständnis des Dschihad als barbarisches Handwerk auszuweisen, bemüht der

---

167 | Vgl. dazu: U. Buse/K. Kuntz, Was Gott zulässt, in: Der Spiegel, 27/2015, 10-19, 12.

168 | Vgl, dazu: ebd.

169 | Vgl, dazu: ebd., 13.

170 | H. Hassan, Isis has reached new depth of depravity. But there is a brutal logic behind it, in: www.theguardian.com/world/2015/feb/08/isis-islamic-state-ideology-sharia-syria-iraq-jordan-pilot (letztes Zugriffsdatum: 27.08.2015).

171 | A. Crooke, The ISIS' »Management of Savagery in Iraq«, in: www.huffingtonpost.com/alastair-crooke/iraq-isis-alqaeda_b_5542575.html (letztes Zugriffsdatum: 25.08.2015).

172 | H. Hassan, a.a.O.

173 | Ebd.

Autor Abu Bakr Naji (Cheftheoretiker von al-Qaida), die Scharia, Geschichten aus der islamischen Tradition und neuere islamische Texte zum Dschihad.[174] Dabei werden aber nicht verschiedene religiöse Lehren miteinander verglichen. Das Papier beruft sich weniger auf Lehren als auf Handlungen, und zwar auf solche, die heute exekutiert werden, und solche, die angeblich zur Zeit Muhammads praktiziert wurden.[175] Es geht dem Autor um den Vergleich vermeintlicher Orthopraxen. Aus diesem Grund wird ständig zwischen dem eigentlichen Verständnis von Dschihad und dem anderer religiöser Lehren unterschieden.[176] Die wahre Bedeutung des Dschihads erschließe sich deshalb auch nicht aus der Lektüre religiöser Texte:

»Those who study theoretical jihad, meaning they study only jihad as it is written on paper, will never grasp this point well. Regrettably, the youth in our Umma, since the time when they were stripped of weapons, no longer understand the nature of wars. One who previously engaged in jihad knows that it is naught but violence, crudeness, terrorism, frightening (others), and massacring. – I am talking about jihad and fighting, not about Islam and one should not confuse them. (Moreover, he knows) that he cannot continue to fight and move from one stage to another unless the beginning stage contains a stage of massacring the enemy and making him homeless [or . ›frightened.‹].[177]

Noch der scheußlichste Zustand der Barbarei sei weniger schlimm als ein Leben im Zustand der Stabilität unter der Herrschaft des Unglaubens.[178] Seit dem Ende des Kalifats versinke die Welt in Dekadenz, Religionslosigkeit und Ungerechtigkeit.[179] Aber diese dekadente Macht des Westens gehe ihrem Ende entgegen, wie bereits

174 | Ebd.

175 | Ebd.

176 | Ebd.

177 | A. B. Naji, a.a.O., Abschnitt 31.

178 | Ebd., Abschnitt 4.

179 | Ebd., Abschnitt 6.

Paul Kennedy prognostiziert habe: »If America expands the use of its military power and strategically extends more than necessary, this will lead to its downfall.«[180] Eine Macht könne nicht rein militärisch auf Dauer gestellt werden, da Macht auch auf sozialer Kohäsion beruhe. Blicke man von hier aus auf die westlichen Gesellschaften, so sei der Verfall ganz offensichtlich: die Religion sei korrupt, Moral kollabiert, soziale Ungleichheit, Selbstsucht, Hedonismus etc. breiteten sich aus.[181]

In dem Dokument geht es darum, eine Strategie für einen Schwebezustand zwischen einer Phase des Zerfalls einer alten Macht und der Konsolidierung einer neuen Macht aufzuzeigen.[182] In dieser Phase werde das Territorium durch Gewalt verwüstet, weil die Macht zwischen der alten und der neuen, im Kommen befindlichen Macht hin und her oszilliere.[183] In diesem Zustand müssten Strategien der Plünderung angewandt werden, um finanzielle Unabhängigkeit zu garantieren. Wichtiger aber sei das Massakrieren der Feinde, denn dieses löse Furcht aus[184]: »Thus, the Companions (may God be pleased with them) understood the matter of violence and they were the best of those who understood this after the prophets. Even the Friend (Abu Bakr) and Ali b. Abi Talib (may God be pleased with them) burned (people) with fire, even though it is odious, because they knew the effect of rough violence in times of need.«[185] Dschihad sei nicht möglich auf der Basis von Sanftheit: »(Further), he cannot continue the jihad with softness, whether the softness is in the mode of inviting others to join (the jihad), taking up positions, or (undertaking) the operations, since the ingredient of softness is one of the ingredients of failure for any jihadi action. [...] Regardless of whether we use harshness or softness, our enemies

180 | Ebd., Abschnitt 7.

181 | Ebd., Abschnitt 7.

182 | A. Crooke, a.a.O.

183 | Ebd.

184 | Ebd.

185 | A.B. Naji, a.a.O., Abschnitt 31.

will not be merciful to us if they seize us. Thus, it behooves us to make them think one thousand times before attacking us.«[186] Sanftheit sei die Gegenkraft zur Stärke: »If we are not violent in our jihad and if softness seizes us, that will be a major factor in the loss of the element of strength, which is one of the pillars of the Umma of the Message. The Umma which possesses strength is the Umma which is able to protect the positions it has won and it is the Umma which boldly faces horrors and has the firmness of mountains. These are the good qualities which we have lost in this age.«[187]

Das Strategiepapier kann als Antwort auf die Frage gelesen werden, warum der IS gerade »in dem Moment möglich wurde, als sich viele Menschen in Syrien – wie zuvor in Tunesien, Ägypten, Libyen – gegen Diktatur und Unterdrückung erhoben«[188]. Wenn Staaten zerfallen, unterwerfe sich die Region gemäß der menschlichen Natur einer Verwaltung der Barbarei, so liest man in dem Dokument. In dieser Situation akzeptiere der Mensch jegliche primitive Form von Organisation, ob sie gut oder böse sei, spiele keine Rolle.[189] Der Phase der »Verwaltung der Barbarei« gehe die Phase des Überdrusses und der Erschöpfung voraus. Auf die Phase der »Verwaltung der Barbarei« folge schließlich die Phase der Etablierung eines islamischen Staates.[190] Es komme aber zunächst darauf an, die Phase des Überdrusses und der Erschöpfung zu initiieren.[191] Naji gibt viele Hinweise, wie man das Ziel der »Verwaltung der Barbarei« erreichen kann.[192] Grundsätzlich sei es geboten, jede Klasse, die den Feind unterstützt, zu vernichten.[193] Auf die Professionalität der Führer wird viel Wert gelegt. Im Blick auf ihre Qualität sei allerdings zu

186 | Ebd., Abschnitt 31.

187 | Ebd.

188 | C. Reuter, a.a.O., 10.

189 | A.B. Naji, a.a.O., Abschnitt 11.

190 | Ebd., Abschnitt 15.

191 | Ebd., Abschnitt 16/17.

192 | Ebd., Abschnitt 17.

193 | Ebd., Abschnitt 26.

beachten, dass zwar jeder Führer ein Manager sei, aber nicht jeder Manager ein Führer.[194]

Die ersten beiden Phasen – die Phase des Überdrusses und der Erschöpfung und die Phase der Verwaltung der Barbarei – seien von einer Politik der Polarisierung bestimmt:

»By polarization here, I mean dragging the masses into the battle such that polarization is created between all of the people. Thus, one group of them will go to the side of the people of truth, another group will go to the side of the people of falsehood, and a third group will remain neutral, awaiting the outcome of the battle in order to join the victor. We must attract the sympathy of this group and make it hope for the victory of the people of faith, especially since this group has a decisive role in the later stages of the present battle. Dragging the masses into the battle requires more actions which will inflame opposition and which will make the people enter into the battle, willing or unwilling, such that each individual will go to the side which he supports. We must make this battle very violent, such that death is a heartbeat away [lit. ›the closest thing to the souls.‹], so that the two groups will realize that entering this battle will frequently lead to death. That will be a powerful motive for the individual to choose to fight in the ranks of the people of truth in order to die well, which is better than dying for falsehood and losing both this world and the next.«[195]

Das Papier präsentiert strategische Hinweise, wie man ein Machtvakuum füllen kann, das durch den Rückzug der Armeen des Westens und ihrer regionalen Bündnispartner aufgrund des Widerstandes und der Angriffe der Mudschaheddin entstanden ist. Von großer Bedeutung seien die Plünderung der Ölquellen und die Zerstörung der Ökonomie des Feindes. Ganz im Sinne dieses Strategiepapiers argumentiert Christian Emde:

194 | Ebd., Abschnitt 25.

195 | Ebd., Abschnitt 46.

»Flugzeuge kommen jeden Tag. Das ist nichts Neues. Jeden Tag kommen Flugzeuge und bombardieren irgendetwas. Aber die Treffgenauigkeit dieser Flugzeuge und ihrer Bomben ist gering. Es ist für die immer auch ein starker Kostenpunkt, ein Flugzeug zu schicken oder mehrere. Das ist das Problem vieler Regierungen. Dass der Kostenaufwand, den sie haben, viel zu hoch ist. Krieg ist teuer. Sie haben das wahrscheinlich verfolgt in Amerika. Der Krieg in Afghanistan und der Krieg im Irak haben Amerika fast pleite gemacht. Jedenfalls finanziell in Schwierigkeiten gebracht, weil sie sich um ihr eigenes Land kaum kümmern konnten und jetzt eine riesige Staatsverschuldung haben.«[196]

Des Weiteren werden Säulen der Erziehung skizziert: Ermahnung, Habitus, Taten, Vorbilder, die Bedeutung monumentaler Ereignisse und Geduld. Der Dschihad gehöre trotz der blutigen Taten, so liest man, zu den höchsten Akten des Gebets.[197]

Naji ist sicher: Der Feind werde besiegt werden, weil er nur materielle Ziele kenne und nur Eigeninteressen verfolge.[198] Die Dschihadisten seien stärker als der Feind, weil sie keine Angst vor dem Tod hätten, sondern ihn suchen würden.[199] Die Lektüre dieses Dokuments zeigt: »Der Dschihadismus ist ein Todeskult.«[200]

Wer die Strategie des IS verstehen will, der muss aber auch einen wichtigen Unterschied zwischen al-Qaida und dem IS wahrnehmen. Al-Qaida setzt auf Bekehrung, der IS auf Unterwerfung.[201] Diese Strategie wurde von Haji Bakr ausgearbeitet.[202] Bakr hat einen

196 | Christian Emde, in: J. Todenhöfer, a.a.O., 89.

197 | A.B. Naji, a.a.O., Abschnitt 101.

198 | Ebd., Abschnitt 38.

199 | Ebd., Abschnitt 83.

200 | E. Sorg, Handbuch zum Weltuntergang, in: Frankfurter Allgemeine Sonntagszeitung v. 19.04.2015.

201 | Vgl. C. Reuter, a.a.O., 207.

202 | Vgl. ebd., 209.

Plan für einen »Islamischen Geheimdienst-Staat« entworfen.[203] Dieses »Stasi-Kalifat« (C. Reuter) soll in jedem Dorf ein vermeintliches Missionszentrum eröffnen. Dessen Ziel ist es, »aus jedem Dorf willige und intelligente Gefolgsleute« anzuwerben.

»Aus jenen, die zu Vorträgen und Kursen zum rechtgeleiteten islamischen Leben kämen, sollten ein oder zwei ausgewählt werden, ihr Dorf bis in die letzte Faser auszuspionieren. Dafür erstellte Haji Bakr eine Liste:

- Zähle die machtvollen Familien auf.
- Benenne die mächtigsten Personen in diesen Familien.
- Finde ihre Einkunftsquellen heraus.
- Nenne Namen und Mannstärke der (Rebellen-)Brigaden im Dorf.
- Sammle die Namen ihrer Anführer, wer sie kontrolliert und ihre politische Orientierung.
- Eruiere ihre illegalen (gemäß Scharia) Aktivitäten heraus, mit denen wir sie im Bedarfsfall erpressen können.«[204]

Bakr konzentriert sich auf Funktionen, nicht auf Personen, denn diese müssen jederzeit von anderen Personen übernommen werden können.[205] Soziale Bereiche spielen in diesem Plan eine untergeordnete Rolle. Die Kernthemen sind Überwachung, Spionage, Morde und Entführungen.[206]

Der IS setzt auf die Durchschlagkraft seiner barbarischen Taten: »Was immer der IS über seine eigene Barbarei verbreitet, wird für bare Münze genommen. Wer köpft, dem glaubt man.«[207] Hinter all dem steckt eine zynische Strategie: Der IS »will nicht nur Angst verbreiten, sondern auch Hass, er will seine Gegner [...] anstacheln

203 | Vgl. ebd., 30. Dazu auch: G. Mascolo/V. Kabisch/A. Musawy, Die Säulen des Bösen, in: Süddeutsche Zeitung v. 15./16.11.2014.

204 | C. Reuter, a.a.O., 31.

205 | Vgl. ebd., 33.

206 | Vgl. ebd., 32.

207 | Ebd., 240.

zum Töten«[208]. Es gelingt ihm auch, neue Anhänger in kurzer Zeit weltweit für sich zu gewinnen und zu mobilisieren:

»Immer häufiger laufen Islamisten Amok, in Europa, in Australien, in den USA. Doch die Taten müssen vom IS gar nicht direkt befohlen werden. Die Angst vor dem Terror im eigenen Land verstellt den Blick auf die naheliegenden Ziele der Terrororganisation: überall dort zuzuschlagen, wo ein schwacher Staat kaum Gegenwehr leisten kann.«[209]

Der IS verübt Anschläge nach einem klaren Kosten-Nutzen-Kalkül.[210] Es geht um die Ausweitung des »Kalifats«.[211]

Die von den Dschihadisten veröffentlichten Videos sind Kernelement der Strategie des IS. Sie sind professionell produziert und haben immer konkrete Adressatenkreise im Blick: Bei der Enthauptung von James Foley im Jahr 2014 floss kein Blut, auch nicht bei der Hinrichtung von Steven Sotloff. »Das Video sollte ansehbar bleiben für den westlichen Zuschauer. Und zugleich würde dessen Phantasie genau jene Leerstelle zwischen dem Ansetzen des Messers und dem Ergebnis des Grauens eine Szene später verlässlich füllen.«[212] Anders war es beim al-Qaida-Enthauptungsvideo von Nicholas Berg aus dem Jahr 2004. Der Schriftsteller Clemens J. Setz markiert den Unterschied wie folgt: »Ich schaute es mir auch an. Nach wenigen Sekunden musste ich nach unten scrollen, weil ich das Gemetzel nicht aushielt, aber ich hatte den Ton immer noch eingeschaltet. Bergs verzweifeltes Geschrei verwandelt sich an der Stelle, da seine Kehle durchtrennt wird, in einen Laut hastig und filterlos ausgestoßenen Lungenvolumens. Wo vorher noch eine menschliche Stimme war, ist in der nächsten Sekunde nur noch ein heiseres Zischen, ein Entweichen von Atemluft durch eine offene Röhre. Es ist der ent-

208 | Ebd., 240.

209 | Ebd., 282.

210 | Vgl. ebd., 291.

211 | Vgl. ebd., 301.

212 | Ebd., 233/234.

setzlichste Laut, der sich je in mein Gedächtnis eingebrannt hat.«[213] Die Videos des IS sind dagegen »benutzerfreundlich«[214]. Aber sie sind wirkungsvoll, brennen sie sich doch als »grelle Projektionen in unser Bewusstsein« ein: »Wir sehen sie mit geschlossenen Augen.«[215] Ein anderes Video des IS zeigt deutlich Einzelheiten des Massakers an Angehörigen des Scheitat-Stammes. »Das Video war für einen anderen Markt gedacht: den der Untertanen, der Unterworfenen im Herrschaftsgebiet des ›Kalifats‹, und speziell für jene, die es wagen würden, sich zu widersetzen.«[216] Wiederum ein anderes Video wurde während der Ermordung der Jesiden gedreht: Der »Kalif« sitzt zwischen jungen Jesiden und erklärt ihnen, »dass ihre Konversion zum Islam sie gerettet habe«[217].

213 | C.J. Setz, Das grelle Herz der Finsternis, in: Die Zeit v. 25.09.2014.

214 | Ebd.

215 | Ebd.

216 | C. Reuter, a.a.O., 234.

217 | Ebd., 235.

IV. Cyber-Dschihadismus

Ist Erfahrung zerstört, so der Psychoanalytiker Ronald D. Laing, wird Verhalten zerstörerisch.[1] Erfahrungsverlust resultiert unter anderem daraus, dass Kinder zunehmend Schockerfahrungen ausgesetzt sind – man denke an die vielen Gewaltvideos. Angesichts der Gewaltszenen muss das Bewusstsein immer mehr, ja fast stetig einen Reizschutz mobilisieren, und je erfolgreicher es dabei ist, umso mehr schottet es sich von der Umwelt ab, umso weniger gehen Eindrücke in die Erfahrung ein. Solche Kinder erleben, aber sie erfahren nichts mehr.[2] Die Dauermobilisierung eines Reizschutzes gegenüber der Umwelt führt zu einer allenfalls rudimentären Ausbildung von Empathiefähigkeit. Ohne Empathie kommt Erfahrung und ohne Erfahrung Sinn abhanden, und Sinnverlust bedeutet Werteverlust. Diese Prozesse verändern tiefgreifend die Lebenswelt.

Olivier Roy zufolge muss eine Ursachenanalyse des Dschihadismus bei der medialen Gewalt ansetzen:

»Wir erleben momentan eine ungekannte Kultur der Gewalt. Gewaltfilme haben sehr großen Erfolg in den französischen Banlieues. Man stellt sich gewissermaßen auf die Bühne und will sterben – die Waffe im Anschlag, in der Pose eines negativen Helden. In dieser Kultur zählt der Ruhm sehr viel. Es ist wohl kein Zufall, dass einer der Täter [Charlie-Hebdo-Attentäter, J.M.]

---

1 | Vgl. dazu: R.D. Laing, Phänomenologie der Erfahrung, Frankfurt [13]1981, 12.

2 | Vgl. U. Perone, Die Zweideutigkeit des Alltags, in: B. Casper/W. Sparn (Hg.), Alltag und Transzendenz, Freiburg/München 1992, 241-263, 246ff.

seinen Ausweis in dem Wagen vergessen hatte. Psychoanalytisch betrachtet, eine echte freudsche Fehlleistung. Man will identifiziert werden – und man ist stolz auf seine Tat.«[3]

Man will Held, negativer Held sein. Hinzu kommt die Tatsache, »dass die Selbstinszenierung der Gewalt ein so gigantisches Ausmaß angenommen hat«[4]. Der Kulturwissenschaftler Klaus Theweleit weist in diesem Zusammenhang auf das weit verbreitete »Happy Slapping« hin, ein zumeist grundloser Angriff Jugendlicher auf ein Opfer, der gefilmt und ins Netz gestellt wird.[5] Die »Selfie-Gewaltkultur« (G. Bilal) im Dschihadismus kann seines Erachtens nicht losgelöst von solchen neuen Gewaltformen verstanden werden.[6] Wie eng die Verknüpfung von Dschihadismus und westlicher medialer Kultur ist, zeigt auch der Erfahrungsbericht von Nicolas Henin, der zehn Monate lang Geisel des Islamischen Staats war: »Ich habe erfahren, dass diese Dschihadisten wenig mit den lokalen arabischen und muslimischen Kulturen zu tun haben.« Henin fährt fort: »Sie sprechen unsere Sprache, sie schauen dieselben Filme wie wir. [...] von den ›Teletubbies‹ bis ›Game of Thrones‹. Die Dschihadisten seien »Produkte unserer Kultur, unserer Welt«[7].

Und so verwundert es auch nicht, dass der Dschihad als Pop-Dschihad daherkommt. In den Rekrutierungsvideos greifen die Dschihadisten auf Werbesprüche westlicher Kultur zurück: »Spielst du noch oder kämpfst du schon?« oder »YODO, you only die once – why not make it martyrdom« (Man stirbt nur einmal – warum nicht

---

3 | O. Roy, »Das sind einsame Wölfe«, in: Christ & Welt 3/2015; ferner: »Hauptsache Held sein«. Spiegel-Gespräch mit Olivier Roy 4/2015, 90-92, 91.

4 | A. Gruen, a.a.O., 16.

5 | Vgl. K. Theweleit, a.a.O., 54-55.

6 | Vgl. ebd., 53.

7 | Ex-Gefangener des IS: »Sie schauen die gleichen Filme«, in: www.spiegel.de/politik/ausland/ex-geisel-von-jihadi-john-nicolas-henin-ueber-den-is-a-1022670.html (letztes Zugriffsdatum: 26.04.2015).

als Märtyrer). Der Dschihadismus wird als hippe Jugendkultur inszeniert.[8] Die Jugendlichen, die sich für den Pop-Dschihadismus interessieren, so konstatiert Claudia Dantschke, Mitarbeiterin in der Beratungsstelle Hayat, sind nicht auf der Suche nach Religion.[9] Diese Jugendlichen »sind nicht in der Lage, eigenständig ihr Leben in die Hand zu nehmen«[10].

Irfan Peci schreibt rückblickend: »Meine Geschichte ist die Geschichte einer Radikalisierung, wie sie sich jeden Tag überall auf der Welt vollzieht. Auch in vielen Jugendzimmern mitten in Deutschland, dafür bin ich der lebende Beweis. Es ist ganz leicht: Das Internet ist unser Portal, das Tor zum Abgrund. Es führt uns direkt zu den Terroristen, zu den Barbaren, die Menschen köpfen, sie bei lebendigem Leib verbrennen, das Ganze filmen und ins Netz stellen. Der Sprung von der Virtualität in die Realität ist ein Klacks.«[11]

Die Internetrekrutierung neuer Dschihadisten lässt sich nicht kontrollieren. Anschläge erfolgen deshalb wie aus dem Nichts heraus:

»Ende September 2008 fährt ein Streifenwagen der Kölner Polizei in den Stadtteil Rondorf. Von dort hat es einen Notruf gegeben. Als die Beamten an dem angegebenen Ort eintreffen und aussteigen, fallen drei junge Männer über sie her. Wie die späteren Ermittlungen der Staatsanwaltschaft ergeben, wollen die drei den Beamten die Kehle durchschneiden und ihnen die Dienstwaffen abnehmen. Vor allem hoffen sie, in dem Polizeiwagen eine Maschinenpistole zu erbeuten. Anschließend wollen sie mit dem Streifenwagen nach Heidelberg fahren und dort möglichst viele Amerikaner töten. Die Beamten reagieren auf den Überfall äußerst umsichtig. Mit Warnschüssen vertreiben sie die Angreifer, die bei der Flucht ihre Handy verlieren. [...]

8 | Vgl. F. Federl, Phänomen Pop-Dschihad. Männlich, muslimisch, jung gesucht, in: Der Tagesspiegel v. 31.01.2015.

9 | C. Dantschke, in: »Videoclips aus dem Krieg«, in: Süddeutsche Zeitung v. 04.11.2014.

10 | Ebd.

11 | I. Peci/J. Gunst/O. Schröm, a.a.O., 353.

Gegenüber der Polizei geben die drei an, dass sie in den Dschihad ziehen und sich dafür durch den Überfall Waffen besorgen wollten. Die Idee, Polizisten zu überfallen, ist nicht spontan entstanden. Viele Abende lang haben sie sich Hassvideos im Internet angesehen und sich gegenseitig aufgestachelt. Als ihre Eltern von der Tat hören, sind sie entsetzt. Sie sind Muslime, aber Lichtjahre von den Vorstellungen der Dschihadisten entfernt. Ihr Weltbild ist liberal. Sie leben und arbeiten in Deutschland und sind hier gut integriert. So sehr sich die Staatsanwaltschaft bemüht, sie findet keinen Bezug zu einer Gruppe und auch keinen Prediger im Hintergrund. Radikalisiert haben sich die drei allein im Internet.«[12]

Dieser Fall steht nicht nur für die Gefahr des Cyber-Dschihad, sondern zeigt darüber hinaus, dass die Taten nicht spontan, im Affekt geschehen. Die Manipulationen können aber auch nur wirken, wenn sie auf fruchtbaren Boden fallen, wo also bereits eine Radikalisierungswilligkeit vorhanden ist.

Rekrutiert wird jedoch bekanntlich nicht nur via Internet, sondern auch über islamistische, allen voran salafistische Kreise. Um Empörung und Hass hervorzurufen, werden in diesen Kreisen Videos gezeigt, in denen schwangeren Frauen der Bauch aufgeschlitzt und das Kind herausgeholt wird.[13] Auch werden in diesen Zirkeln Tipps gegeben, wie Empathie durch Training neutralisiert werden kann. Der ehemalige Dschihadist Barino Barsoum, der Mitglied in der Abu-Bakr-Moschee in Köln war (Mitglied dieser Gemeinde war übrigens auch der so genannte Kofferbomber[14]), sich über Islam-Seminare radikalisierte[15] und schlussendlich zum Dschihad aufrief, berichtet von folgendem Erlebnis: »Ein kleiner Junge kommt zu ihm in die Moschee, in der er Vorträge hält, und erzählt, dass er in der Bonner Moschee bei einem Unterricht war. [...] Der Imam sagt: ›Jungs, besorgt euch kleine Küken und schneidet ihnen die Köpfe

12 | R. Clement/P.E. Jöris, a.a.O., 186.

13 | Vgl. L. Kaddor, a.a.O., 93.

14 | Vgl. R. Clement/P.E. Jöris, a.a.O., 203.

15 | Vgl. ebd., 204.

ab. Denn genau so wird eine Zeit kommen, da werdet ihr den Juden die Köpfe abschlagen müssen.‹ Jetzt wollte er von Barsoum wissen, was er dazu meine. Er wollte dem Jungen etwas mit auf den Weg geben, was ihn aufbauen würde, wollte ihm etwas Positives sagen. Das Erste, was ihm dabei in den Sinn kam, war ein Ausspruch des Propheten Mohammed, der gesagt hat: ›Es wird eine Zeit kommen, da wird selbst der Stein sagen, oh, Moslem, hinter mir ist ein Jude, komm und schlag ihm den Kopf ab.‹ Und so habe er dann diesen Ausspruch dem kleinen Jungen erzählt und gesagt: ›Unser Prophet Mohamed hat diesen Ausspruch getan, und der Iman hat im Prinzip nichts anderes gesagt. Er hat nur andere Worte verwendet. So wollte der Iman euch wahrscheinlich diesen Ausspruch vom Propheten plastisch darstellen.‹ Und der Junge meinte dann nur noch, ja, wenn der Prophet Mohamed das gesagt habe, dann würde es seine Richtigkeit haben.«[16] Barsoum beginnt kritisch über das Gesagte nachzudenken. Schließlich kommt er zu der Erkenntnis: »Ich konnte dazu [zum Dschihad, J.M.] aufrufen, [...] weil ich einfach mein Herz ausgeschaltet habe, ich habe einfach meinen eigenen Spürsinn für gut und falsch ausgeschaltet.«[17]

16 | Ebd., 207.

17 | Zit. n.: ebd., 200.

V. Dschihadismus-Anfälligkeit

1. Identitätsstörungen

Eine Ursachenanalyse der Attraktivität des Dschihadismus hierzulande muss natürlich auch die Zunahme von Ungleichheit in der Gesellschaft berücksichtigen, ebenso Broken-Home-Situationen, insbesondere das Fehlen von Vätern, des Weiteren verspätete Rachegefühle angesichts der Diskriminierung, die die Eltern- und/oder Großelterngeneration erfahren hat. Ferner sind Gefängnisse als Orte der Radikalisierung von entscheidender Bedeutung.[1] Sicherlich spielt auch eine relative Deprivation eine Rolle, eine Frustration, die sich breitmacht, wenn Individuen »nicht den Wohlstand, den Einfluss oder den Status halten oder erreichen können, der ihnen ihrer Ansicht nach zusteht. Ihre soziale Situation entspricht nicht ihrer erwarteten sozialen Situation, so dass sie eine Entbehrung und einen Entzug von Wünschenswertem wahrnehmen«[2]. Aber das wohl Entscheidende ist die Frage nach der psychischen Verfassung der jungen Dschihadisten.[3] Die Profile zeigen, dass die

1 | Wobei der Einfluss von Haftaufenthalten auf Dschihadisten aus Deutschland sehr gering ist. (Vgl. G. Mascolo, a.a.O.) Allgemein zum Thema: F. Khosrokhavar, Prisons and Radicalization in France, in: www.Franceopendemocracy.net/farhad-khosrokhavar/prisons-and-radicalization-in-france (letztes Zugriffsdatum: 06.09.2015).

2 | M. Reddig, Deprivation, Globalisierung und globaler Dschihad, in: T. Kron/dies. (Hg.), Analysen des transnationalen Terrorismus. Soziologische Perspektiven, Wiesbaden 2007, 280-309, 291.

3 | Vgl. K. Theweleit, a.a.O., 186.

meisten jungen Dschihadisten an einem oder mehreren Punkten in ihrem Leben den Halt verloren haben.[4] Man denke beispielsweise an die Sauerlandattentäter Schneider und Gelowicz oder an die Gebrüder Chouka: Alle waren gut integriert.[5] Daniel Schneider[6] wurde wohl durch die Trennung seiner Eltern aus der Bahn geworfen[7], hinzu kamen gesundheitliche Probleme, die zur Entlassung aus der Bundeswehr führten. Nichts in seinem Leben schien ihm Halt zu geben.[8] Er ist nicht nur intelligent, sondern wird auch als jemand beschrieben, der einen ausgeprägten Gerechtigkeitssinn hatte. So »schämt er sich dafür, dass er mit weißer Haut geboren wurde und deshalb nicht dazugehört, zu den unterdrückten Schwarzen, die um ihr Recht kämpfen«[9]. Fritz Martin Gelowicz[10] wächst ebenso in einem schwierigen familiären Umfeld auf, aber er war kein schlechter Schüler. Den Schulwechsel aufgrund eines Lehrerstreichs erlebte er wohl als Niederlage. Bei Gelowicz handelt es sich jedoch vermutlich um eine narzisstische Persönlichkeit mit einer ausgeprägten Suche nach Halt. Monir Chouka erweckt den Eindruck, den Halt völlig verloren zu haben, nachdem er sich mit seinem Vater überworfen hatte.[11] Alle vier leiden an »tiefe[n] persönliche[n] Krisen«[12]. Ängste und persönliche Krisen scheinen ausschlaggebend zu sein. Atilla Selek, ein weiteres Mitglied der Sauerland-Gruppe, beschreibt sich als ängstlicher Mensch.[13] Der vierte im Bunde, Adem Yilmaz, leidet unter einem schweren Vater-Sohn-Konflikt. Der Vater gilt ihm

4 | Vgl. R. Clement/P.E. Jöris, a.a.O., 235.
5 | Vgl. ebd., 238.
6 | Ausführlich: ebd., 35-50.
7 | Vgl. ebd., 41.
8 | Vgl. ebd., 235.
9 | Ebd., 37.
10 | Vgl. dazu: ebd., 50-56.
11 | Vgl. dazu: ebd., 157-162, 236.
12 | Ebd., 67.
13 | Vgl. dazu: ebd., 56-61.

als angepasst und als unterwürfig gegenüber den Deutschen. Der Sohn findet in der Familie keine Orientierung.[14]

Wer Dschihadismus bekämpfen will, der muss begreifen, dass Dschihadismus-Anfälligkeit nicht nur aus ökomischen Krisen resultiert. In all den beschriebenen Situationen bietet eine salafistische Interpretation mit ihrer rückwärtsgewandten Utopie Halt.[15] Aber: Angesprochen vom Dschihadismus werden junge Menschen mit massiven Identitätsstörungen. Um gegenzusteuern, muss bei den »große[n] soziale[n] und emotionale[n] Defizite[n]«[16] Jugendlicher angesetzt werden. Jugendliche leiden vielfach an gravierenden, existenziellen Problemen.[17] Lamya Kaddor fordert deshalb, im Kampf gegen den Dschihadismus zuerst die Selbstwertprobleme junger Menschen in den Blick zu nehmen.[18] Die Wert- und Orientierungslosigkeit, die für viele Dschihadisten Auslöser für den Weg in den Dschihad war,[19] muss von hier aus analysiert werden. An dieser Stelle bietet sich wiederum eine Analogie zum Faschismus an: »Faschismusanfälligkeit ist vor allem verursacht durch echte psychische Not, durch ›spirituelle‹ Krisen [...].«[20] Wenn in diesem Kontext von psychischer Not gesprochen wird, dann ist damit nicht ausgesagt, dass die Dschihadisten psychisch krank seien. Diese Annahme wäre gefährlich in einem dreifachen Sinn: Erstens, weil sie psychisch Kranke dem Verdacht aussetzt, potenzielle Terroristen zu sein; zweitens, weil sie die Rationalität des Terrors nicht wahrnimmt, und drittens, weil sie die Radikalisierungswilligkeit der Täter übersieht.

14 | Vgl. dazu: ebd., 62-66.

15 | Vgl. ebd., 235/236.

16 | L. Kaddor, a.a.O., 10.

17 | Vgl. ebd., 31.

18 | Vgl. ebd., 42.

19 | Vgl. J. Todenhöfer, a.a.O., 212.

20 | F. Hacker, a.a.O., 132/133.

2. Gefühlsleere

Der französische Politik- und Islamwissenschaftler Olivier Roy fordert: »Man muss nur zuhören, wie die Konvertiten, die zu Hunderten nach Syrien aufgebrochen sind, ihre Radikalisierung begründen. Sie alle sagen dasselbe. Ihr Leben sei leer gewesen, immer habe man sich über sie lustig gemacht.«[21] Auch Barino Barsoum, aufgewachsen in einer atheistischen Familie, litt, eigenen Angaben zufolge, unter einer bedrückenden Leere in seinem Leben.[22] Das Gefühl innerer Leere entsteht, wenn Menschen keine Identität ausbilden können, »die im Mitgefühl für den anderen wurzelt«[23]. Eine solche atomisierte Identität ist instabil. Sie ist unfähig zur Nächsten- und Selbstliebe. Diese Unfähigkeit gebiert Selbsthass. Gerade junge Dschihadisten verkörpern solch instabile Identitäten. Ihr Töten resultiert nicht zuletzt aus auf andere projiziertem Selbsthass.[24] Dieser Hass wird verstärkt durch eine »Pathologie der Macho-Männlichkeit« (A. Gruen). Das heißt: »Leid, Schmerz und Trauer müssen aus dem Bewusstsein verdrängt werden, weil sie das ›Männliche‹ bedrohen.«[25]

Ein sich ausbreitendes Gefühl der Leere ist eines der Hauptprobleme in nachmodernen Gesellschaften. Eine solche Leere kann »zur Quelle einer allgemeinen Apathie und Depression« werden »oder sie droht, in noch mehr Gewalt auszuufern. Denn für viele führt diese innere Leere zu einem Zustand der Bedeutungslosigkeit, von der sie durch eine Identifikation mit halluzinierter Größe erlöst zu werden hoffen«[26]. Aus diesem Grund gilt: Wer vom Dschihadismus spricht, der sollte vom Nihilismus nicht schweigen. Wer vom Nihilismus nicht schweigt, der erkennt, dass der »Djihadismus

21 | O. Roy, in: »Hauptsache Held sein«, a.a.O., 91.

22 | Vgl. R. Clement/P.E. Jöris, a.a.O., 201.

23 | A. Gruen, a.a.O., 16.

24 | Vgl. ebd., 17.

25 | Ebd., 79.

26 | Ebd., 12.

[...] ein Symptom der Krankheit [ist, J.M.], die er vorgibt zu heilen«[27]. Das sich ausbreitende Gefühl innerer Leere weist auf eine gesellschaftliche Anomie hin. Mit der Anomietheorie wird eine Krisensemantik vorgelegt, die zeigt, dass Gesellschaften »krank« machen können.[28] »Anomie wird dabei als Verlust gesellschaftlicher Integrationskraft und Regulationsfähigkeit verstanden, als Erosion von Wert-, Ziel- und Handlungsanleitungen [...]. Krisenhafte Zustände auf der Makroebene lösen Anomie aus und erhöhen damit auf der Mikroebene u.a. die Wahrscheinlichkeit von Intra-Akteursgewalt (bis zum Extremfall Selbstmord) und von Inter-Akteursgewalt (bis hin zum Mord).«[29]

3. Prozessmelancholie

Nihilismus entsteht dort, wo Möglichkeitssinn austrocknet. Diese Austrocknung beginnt mit der Ausbreitung eines melancholischen Prozessgefühls, das den Empfindungen von Passanten auf einer Rolltreppe entspricht.[30] In der Gesellschaft verändert sich vieles, und das stetig. Viele Menschen haben jedoch den Eindruck, keinen Einfluss auf die Veränderungsprozesse nehmen zu können.[31] Im Verlauf dieser Entwicklung werden Erwartungen verkleinert, Utopien, Visionen abgeschafft. Die gesellschaftlichen Folgen sind

---

27 | M. Prützel-Thomas, Neuer Terrorismus? – Die Debatte um die Einordnung des Djihadismus, in: U. Backes/E. Jesse (Hg.), Gefährdungen der Freiheit. Extremistische Ideologien im Vergleich, Göttingen 2006, 477-492, 492.

28 | Vgl. G. Mehlkop/P. Graeff, Mord, Selbstmord und Anomie. Ein neuer Ansatz zur Operationalisierung und empirischen Anwendung des Anomiekonstruktes von Emile Durkheim, in: Sozialwissenschaften und Berufspraxis, 29. Jg., 1/2006, 59-69, 59.

29 | Ebd.

30 | Vgl. P. Sloterdijk, Eurotaoismus. Zur Kritik der politischen Kinetik, Frankfurt 1989, 269.

31 | Ebd., 269.

schwerlich zu übersehen: grassierende Apathie und besinnungsloser Hass; Fatalismus hier, Fanatismus dort[32]; Resignation auf der einen und Ressentiment auf der anderen Seite.

4. Hotelzivilisation

Dass der Möglichkeitssinn abhanden zu kommen droht, zeigt auch ein Blick auf Ermüdungs- und Lähmungserscheinungen, die sich massenhaft ausbreiten. Burn-out und Depressionen entstehen weniger aus einem Mangel an Haben, sondern sind eher verursacht durch einen Mangel an Sein. Immer mehr Menschen, vor allem junge Menschen, verlieren die Kontrolle über ihr eigenes Leben. Manch einer mag sich fragen, ob diese Diagnose nicht allzu pessimistisch sei, weisen doch Adepten repräsentativer Umfragen darauf hin, dass die Jugendlichen leistungsbereit, ehrgeizig und optimistisch seien. Und in der Tat: Viele Jugendliche wollen etwas aus sich machen. Sie schätzen Leistungsbereitschaft, Ehrgeiz und Optimismus. Die Einstellungen junger Menschen, wie sie in Umfragen zum Ausdruck kommen, stehen für ein erfolgsorientiertes Handeln. Dagegen ist zunächst einmal auch nichts einzuwenden. Wenn aber Jugendliche in erster Linie diese von der Gesellschaft prämierten Vor- und Einstellungen bloß übernehmen, dann läuft etwas falsch. Jugend steht für Zukunft, und Zukunft muss immer auch etwas anderes sein als das, was die Gegenwart ist. Eine Jugend ohne Wünsche, ohne den Gedanken, es möge doch anders, vielleicht auch ganz anders werden, ist eine Jugend, der der Gedanke der Zukunft abhandengekommen ist. Eine solche Jugend hat ihre Jugendlichkeit verloren. Dieser Verlust der Jugendlichkeit steht aber mitnichten für Reife, dafür, dass Jugendliche bereits erwachsen ge-

32 | J.B. Metz, Der Kampf um die verlorene Zeit. Unzeitgemäße Thesen zur Apokalyptik, in: J. Manemann (Hg.), Befristete Zeit. Jahrbuch Politische Theologie Bd. 3, Münster 1999, 213-221, 215.

worden sind. Im Gegenteil, es ist zu befürchten, dass solche Jugendlichen im Kindsein steckenbleiben. Warum?

Leistungsbereitschaft, Ehrgeiz und Optimismus stehen für Erfolg. Erfolg kann nur in einer – wie der Schriftsteller Henry James (1843-1916) es einmal formulierte und wie es der Philosoph Cornel West weiterentwickelt hat – »Hotel-Zivilisation« zu einem Primärwert aufsteigen.[33] »In einer Hotel-Zivilisation leuchten die Lichter zu jeder Zeit. Hat man sein Zimmer verlassen und kommt zurück, ist das Zimmer sauber. Man braucht nicht darüber nachzudenken, wer das Zimmer vom eigenen Dreck gereinigt hat. Hotel-Zivilisation ist charakterisiert durch Komfort, Bequemlichkeit, Zufriedenheit.«[34] Eine Hotelzivilisation erzieht Menschen nicht zur Reife, sondern erzeugt Infantilität. Infantilität stärkt aber nicht. Sie schwächt. Und so ist es eben nicht verwunderlich, dass immer mehr junge Menschen die Kontrolle über ihr Leben verlieren. Mit steigendem Kontrollverlust wächst das Empfinden, aus der Gesellschaft ausgeschlossen zu sein. Das ist der Grund dafür, dass sich immer mehr Menschen in unserer Gesellschaft gedemütigt fühlen. Und nicht nur das: Aufgrund der fatalen Verwechselung von Liebe und Verwöhnung hindern Eltern in einer Hotelzivilisation die Kinder daran, ein unabhängiges Leben zu führen.[35] Kinder bleiben so an die Eltern gebunden. Verwöhnung, so drückt es der Psychoanalytiker Arno Gruen aus, kommt einer Leibeigenschaft gleich, die im Kind tiefen Terror hervorruft.[36] Daraus entsteht ein Hass gegen die Eltern.[37] Solchen Kindern droht schließlich Identitätslosigkeit. Die

33 | Vgl. dazu: J. Manemann/Y. Arisaka/V. Drell/A.M. Hauk, Prophetischer Pragmatismus. Eine Einführung in das Denken von Cornel West, München ^{2}2013, 92.

34 | Ebd.

35 | Vgl. A. Gruen, a.a.O., 26.

36 | Vgl. ebd., 27.

37 | Vgl. ebd., 27.

Tötung anderer kann als Versuch interpretiert werden, die innere Leere der Identität auszufüllen.[38]

5. Fragmentkörper

Es geht um die Angst, die Kontrolle über das eigene Leben zu verlieren. Ein solcher Kontrollverlust mündet, wie gesagt, in ein Gefühl der Demütigung. In diesem Zusammenhang müssen vor allem auch die »möglichen psychophysischen Turbulenzen späterpubertärer Adoleszenten« bedacht werden.[39] Klaus Theweleit exemplifiziert dies ausführlich an dem Fall Alfons Rosenbruch.[40] Rosenbruch zieht 18-jährig in den Dschihad. Aus Sicht der ehemaligen Freunde besaß er alles, was er brauchte. Sie sprechen von der Liebe, die er in sich gehabt habe. Der Blick auf die familiäre Situation wirft jedoch ein anderes Licht auf das Leben von Rosenbruch: Die Eltern lebten getrennt. Das Kind wuchs bei der Mutter auf. Mit 16 erfolgte der endgültige Bruch mit dem Vater. Rosenbruch absolvierte die Realschule und begann im Anschluss eine Ausbildung zum Erzieher. Die Lehrerin lobte ihn im ersten Jahr der Ausbildung in höchsten Tönen. 2013 kam es nach der Konversion zum Islam zum plötzlichen Abbruch der Ausbildung. Es folgte eine Schulung in der Türkei, dann die Entscheidung, nach Syrien zu gehen.

Die Kouachi-Brüder, Parisattentäter, waren Heimkinder, die Mutter verstarb früh. Chérif, der jüngere Bruder, war ein guter und fairer Fußballer.[41] Saïd war kein guter Schüler, erhielt aber nach der Schule einen Platz auf der Hotelfachschule. Diese Ausbildung schloss er auch ab. Anders Chérif: Er brach seine Ausbildung ab

38 | Vgl. ebd., 29.

39 | K. Theweleit, a.a.O.,187.

40 | Vgl. ebd., 193-199.

41 | Vgl. dazu: ebd., 204-214; ferner: H. Dambeck/G. Diez/B. Hengst/J. Amalia/M. v. Rohr/S. Salden/S. Shafy/H. Stark/P. Truckendanner/A. Windmann, »Das waren gute Kinder«, in: Der Spiegel 4/2015, 76-84.

und wurde kleinkriminell. Nachdem sie das Heim verlassen hatten und nach Paris zurückgekehrt waren, glitten beide ab, »ihr Leben geht ins Leere«[42]. Ab 2003 hielten sich beide in salafistischen Kreisen auf. Hier, so wird berichtet, schauten sie Videos über die Leiden der Iraker. Chérif beschloss, in den Dschihad zu ziehen. Kurz vor der Ausreise in den Irak wurde er mit weiteren Mitgliedern der Gruppe »Buttes-Chaumont« verhaftet. Er kam ins Gefängnis. Sein Bruder blieb trotz der Kontakte zur selben Gruppe auf freiem Fuß. 2006, nach der Haftentlassung, folgte eine Phase unsteter Lebenssituationen für Chérif. 2008 heiratete er. 2011 reiste Saïd vermutlich in Begleitung seines Bruders in den Jemen, wo er/sie das Schießen lernte/n. Saïd heiratete nach der Rückkehr und wird 2012 Vater. 2014 pilgerten sie nach Mekka.

Oder der Kofferbomber von Köln[43]: »In der Familie El Hajdib gibt es ein Tabu, über die Gründe der plötzlichen Verarmung darf nicht gesprochen werden. Der jüngste Sohn, Youssef Mohamad, fühlt sich verpflichtet, die Ehre der Familie wiederherzustellen. Auf ihm ruhen die Hoffnungen der Eltern und der Geschwister. Wenn es ihm gelänge, in Deutschland ein Ingenieurstudium erfolgreich abzuschießen, dann würde die Familie wieder ihren gebührenden Platz in der Gesellschaft einnehmen können. Doch der Studienerfolg will sich nicht einstellen. Dieses Scheitern vor Augen, entscheidet sich der junge Mann für einen anderen Weg: Er will die Ehre der Familie dadurch wiederherstellen, dass er als Dschihadist ein Zeichen setzt.«[44]

Nun, was ist an den Biographien so bedeutsam? Eigentlich nichts. Theweleit bringt es auf den Punkt: »›Unangepasste junge Migrantenmänner mit Berufs- und Integrationsproblemen‹; wie es sie aber zu Zehntausenden gibt. Den ›Killer‹ kapieren kann man daraus nicht.«[45] Theweleit macht deshalb auf einen in der Debatte

42 | Aus der Süddeutschen Zeitung zit. n.: K. Theweleit, a.a.O., 206.

43 | Siehe dazu: R. Clement/P.E. Jöris, a.a.O., 174-182, 181/182.

44 | Ebd., 181/182.

45 | K. Theweleit, a.a.O., 214.

bislang nicht zur Sprache gekommenen Zusammenhang aufmerksam, dass nämlich bei jungen Menschen eine empfundene gesellschaftliche Ortlosigkeit immer mit einer körperlichen Ungewissheit zusammengedacht werden muss. Gesellschaftliche und körperliche Fragmentierung sind hier unaufhebbar miteinander verwoben.[46] Menschen, die auf die Zerstörung anderer Körper zielen, so sieht es Theweleit, besitzen einen »Fragmentkörper«[47]. Fragmentkörper sind auf einen extremen Spannungsausgleich angewiesen, da der menschliche Organismus auf Homöostase ausgerichtet ist, das heißt, er will Spannungen abbauen.[48] Das Töten ist die »Homöostase des zur Aktion freigesetzten Fragmentkörpers«[49].

Wer menschliche Handlungen verstehen will, der muss bedenken, dass diese immer mit Körperlichkeit zu tun haben. Gerade junge Menschen, die sich aus der Gesellschaft ausgeschlossen fühlen und Angst haben, die Kontrolle über ihr Leben zu verlieren, befinden sich gleichzeitig in einem adoleszenten Alter, in dem sie immer auch mit körperlicher Unsicherheit konfrontiert sind. In dieser Situation besteht die Gefahr, einen Fragmentkörper auszubilden. »Wenn dann die Unsicherheit über den eigenen sexuellen Status hinzukommt, wenn noch eine Freundschaft bricht, eine Liebesbeziehung oder eine Vereinszugehörigkeit misslingt und bei der Gelegenheit noch ›Du gehörst ja nicht hierher‹ ins Spiel gebracht wird, geht der schwache Boden unter den Füßen womöglich ganz weg: ›Hier werde ich nie was!‹ ›Hier lässt man mich nicht leben!‹ Dann muss etwas Größeres her. Diesen Zustand *aufzufangen* und zu bearbeiten, stehen offenbar ›Prediger‹ bereit. Dagegen hilft nicht, die Jugendlichen auf die ›Errungenschaften der westlichen Zivilisation‹ einzuschwören; in dieser gesellschaftlichen Lebensform Fuß zu fassen, misslingt ihnen aktuell ja gerade. Helfen würden nur

46 | Vgl. ebd., 218.

47 | Ebd., 85.

48 | Vgl. ebd., 86. Der Mensch hat das Feld der Homöostase erweitert: neben der grundlegenden Homöostase gibt es eine soziokulturelle (87).

49 | Ebd., 92.

Beziehungen, Liebschaften, gute, tragfähige Gruppen oder Vereine und natürlich ein guter Arbeitsplatz. Sie geben Boden unter den Füßen. Erst dann kann man wachsen. Wer nicht in dieser Form wachsen kann, wächst in den Idiotismus der Großmacht. Das ist so etwas wie ein Gesetz.«[50]

Der Dschihadismus setzt genau bei diesen Problemen an. Aber anstatt jungen Menschen zu helfen, ein starkes Selbst auszubilden, sie aus der Lähmung zu befreien, nutzt er diese Schwäche aus und versucht, die damit verbundenen Abhängigkeiten zu intensivieren.

50 | Ebd., 218, Hervorhebung im Original.

VI. Gegenkräfte

1. Selbstwirksamkeit und Resilienz

Anti-Dschihadismus muss die Grundlagen schaffen für die Erfahrung von Selbstwirksamkeit und die Ausbildung von Resilienz. Junge Menschen sollten die Erfahrung von Selbstwirksamkeit machen, denn diese ist die Basis dafür, dass sich Möglichkeitssinn einstellen kann: »Nur wenn, was ist, sich ändern läßt, ist das, was ist, nicht alles.«[1] Wenn Menschen ihre Umwelt verändern, machen sie die Erfahrung von Selbstwirksamkeit. Es ist diese Erfahrung, durch die sich Möglichkeitssinn einstellen kann. Aussichtslos empfundene Situationen erscheinen dann nicht mehr notwendigerweise als alternativlos. Veränderung ist eine starke anti-dschihadistische Kraft. Angesichts gegenwärtiger und zukünftiger Herausforderungen benötigen junge Menschen aber auch Widerstandsfestigkeit bzw. Resilienz.[2] Der Begriff der Resilienz stammt aus der Psychologie und Pädagogik. Mit ihm werden bestimmte Bewältigungskompetenzen bezeichnet. Die Resilienz-Forschung fragt, »welche Bedingungen psychische Gesundheit und Stabilität bei Kindern, die besonderen Entwicklungsrisiken ausgesetzt sind, erhalten und fördern«.[3] Resilienz bezieht sich auf einen dynamischen Prozess zwischen Kind

1 | T.W. Adorno, Negative Dialektik, Frankfurt [3]1982, 391.

2 | Vgl. zu den folgenden Ausführungen: J. Manemann, Kritik des Anthropozäns. Plädoyer für eine neue Humanökologie, Bielefeld 2014, 60-65.

3 | C. Wustmann, Die Blickrichtung der neueren Resilienzforschung. Wie Kinder Lebensbelastungen bewältigen, in: Zeitschrift für Pädagogik 51. Jg. (2005) 2, 192-206, 192.

und Umwelt, in dem beide aufeinander Einfluss nehmen. Häufig wird Resilienz missverstanden als ein passives Ertragenkönnen. Es geht aber nicht um Passivität, sondern um eine Widerstandsfestigkeit, die in unvorhersehbaren Situationen Handlungsfähigkeit ermöglicht.[4] Resilienz ist nicht eine Fähigkeit, mit der wir auf die Welt kommen; und sie ist auch keine Fähigkeit, die man, einmal erlangt, für immer behält. Sie variiert im Blick auf Zeit und Situationen.[5] Resilienz in einem Fall bedeutet nicht automatisch, dass man auch in einer anders gelagerten Situation resilient ist. Zudem muss an der einmal erworbenen Fähigkeit immer wieder gearbeitet werden.[6] Resilienz ist eine proaktive Haltung, ein proaktiver Habitus.[7] Resilienz ist in diesem Sinne als eine Form des Empowerments zu verstehen, die uns und vor allem unsere Kinder ermächtigt, selbst unter schwierigen Bedingungen ein humanes Leben zu führen.

Die Frage nach Resilienz ist verbunden mit der Frage nach dem guten Leben. An erster Stelle steht heute in der Erziehung die Frage, was man braucht, um mit dem Leben klar zu kommen und ein gutes Leben zu führen. Und diese Frage lässt sich nicht einfach an äußeren Faktoren festmachen.[8] Aus der Resilienz-Forschung lassen sich folgende Faktoren nennen: Bindung ist unerlässlich.[9] Des Weiteren: »Ein Zugehörigkeitsgefühl zur Gemeinschaft, das Vertrauen in die Bedeutung der eigenen Person und des eigenen Handelns und auch der Glaube an einen höheren Sinn im Leben, all dies stärkt weiteren Studien zufolge Menschen so, dass sie Herausforderungen besser begegnen können.«[10] Insbesondere frühzeitige

4 | Vgl. ebd., 193.

5 | Vgl. ebd., 194.

6 | Vgl. ebd., 194.

7 | Vgl. ebd., 197.

8 | Vgl. C. Berndt, Resilienz. Das Geheimnis der psychischen Widerstandskraft. Was uns stark macht gegen Stress, Depressionen und Burn-out, München 2013, 66.

9 | Vgl. ebd., 67.

10 | Ebd., 72.

Verantwortungsübernahme ist hier zu nennen; aus der damit einhergehenden Erfahrung von Selbstwirksamkeit entsteht Selbstbewusstsein.[11] Dieses unterscheidet sich aber von einem übersteigerten Selbstbewusstsein, das Ausdruck von Instabilität ist.[12] Starksein im Sinn der Resilienz bedeutet nicht, unverwundbar zu sein. Gerade die Verbindung mit anderen Bezugspersonen setzt Empfindlichkeit für deren Anliegen voraus, die in einer alle Menschen prägenden Verletzlichkeit gründet. Aus der Perspektive der Resilienz betrachtet heißt stark sein, nicht in Frust, Trauer und Schrecken stecken zu bleiben.[13] Resilienz schützt aber nicht vor Zweifel und Verzweiflung.[14]

Die erste Frage in der Situation der Ausweglosigkeit lautet nicht: »Was kann ich tun?«, sondern »Was kann und muss ich lassen und loslassen?«[15] Vielen Menschen mangelt es an der grundlegenden Fähigkeit zur Akzeptanz, sie sind unablässig aktiv, »um die Welt zu verbessern, ihren Vorstellungen Geltung zu verschaffen oder Dinge voranzutreiben [...]«[16]. Solchen Menschen »fehlt das Vertrauen, dass es selbstgestaltende Kräfte gibt, sie glauben, *alles* selbst machen zu müssen. Gerade dadurch verhindern sie, dass sich Dinge entwickeln können«[17].

Offene Gesellschaften müssen immer wieder kritisch darauf reflektieren, dass Offenheit für stabile Identitäten eine Chance ist, während sie für Modernisierungsverlierer schnell zur Bodenlosigkeit mutieren kann.

11 | Vgl. ebd., 79.

12 | Vgl. ebd., 80.

13 | Vgl. ebd., 85.

14 | Vgl. ebd., 86.

15 | M. Gruhl, Die Strategie der Stehauf-Menschen. Krisen meistern mit Resilienz, Freiburg 2010, 36.

16 | Ebd., 41.

17 | Ebd.

2. Selbstvertrauen – Selbstachtung – Selbstwertgefühl

Angesichts der Bedrohung durch den Dschihadismus darf die Agenda politischen Handelns nicht auf Fragen sozialer Gerechtigkeit reduziert werden. An der Zeit ist eine Anerkennungspolitik. Es geht heute nämlich nicht nur um einen Mangel an Haben, dringlicher scheint das Problem eines Mangels an Sein zu sein: an Anerkanntsein. Zum Leben benötigt der Mensch nicht nur Güter, die er zum Überleben braucht, sondern auch Möglichkeiten, Grundfähigkeiten zu erwerben, um ein gutes, ein sinnvolles Leben führen zu können. Ein sinnerfülltes Leben ist ein Leben, in dem man sich aktiv mit Aufgaben beschäftigt, die auch für andere Menschen von Bedeutung sind. Dadurch erfährt der Mensch Anerkennung. Wer Anerkennung erfährt, dem wird eine Ahnung zuteil, was ein sinnerfülltes Leben ist.[18]

Sinn – im emphatischen Verständnis – ist nicht etwas, was der einzelne für sich allein finden kann. Sinnvoll ist nur etwas, das auch für andere sinnvoll ist. Das heißt nicht, dass nur etwas sinnvoll sein kann, das alle anderen auch als sinnvoll erachten. Sinn ist keine Frage, über die die Majorität abstimmt. Nichtsdestotrotz kann sinnvoll nur sein, was nicht nur für mich, sondern auch für andere von Bedeutung ist. Sinn setzt deshalb eine soziale Teilhabe voraus. Soziale Teilhabe basiert auf bestimmten Grundfähigkeiten und setzt bestimmte Grundverständnisse voraus: eine gemeinsame Sprache, die Fähigkeit, den anderen zu verstehen, gemeinsame Bedeutungshorizonte, Mitgefühl... Kurzum: Es bedarf einer Kultur des Zusammenlebens, die die Anerkennung des Anderen in seinem Anderssein ins Zentrum rückt.[19] Hier muss Politik ansetzen.

Gerade Muslime leiden an einem Mangel an Homöostase: »Auf der einen Seite sind sie in ihrem direkten Umfeld – Familie, Freun-

---

18 | Vgl. zu den folgenden Ausführungen: J. Manemann, Wie wir gut zusammen leben. 11 Thesen für eine Rückkehr zur Politik, Ostfildern 2013, 24-25.

19 | Vgl. ebd., 25.

de, Nachbarschaft, auch Beruf – gut integriert, fühlen sich aber dennoch ausgegrenzt.«[20] Die Mehrheit glaubt nicht, dass die Deutschen sie als Landsleute anerkennen würden, wenn sie die Staatsbürgerschaft besitzen.[21] »Es gibt also ein Spannungsverhältnis zwischen der guten Integration im direkten Umfeld und der auffallend mangelhaften Akzeptanz in der Gesellschaft.«[22]

Der Philosoph Axel Honneth hat aufgezeigt, dass wir ohne Anerkennung kein Selbstvertrauen, keine Selbstachtung und keine Selbstschätzung ausbilden können. Eine Politik der Anerkennung befasst sich mit sozio-kulturellen Praktiken, die Anerkennung möglichen machen. Dazu gehören zuallererst Liebesbeziehungen.[23] Durch die Erfahrung von Liebe werden Individuen, allen voran Kinder, in ihrer konkreten Bedürfnisnatur anerkannt und in ihrem Selbstverhältnis gestarkt. Liebesbeziehungen sind die Basis dafür, dass wir Abscheu vor Unmenschlichkeit empfinden, dass wir Glück wahrnehmen, das nicht aus dem Unglück anderer hervorgeht, kurz: dass wir in der Lage sind, mitzufühlen und zu verstehen. Es ist diese Anerkennungssphäre der Liebe, die allen anderen Anerkennungssphären vorausgeht. Kommt es hier zu einem Mangel an Anerkennung, dann hat das Kind »das Gefühl, dass nichts, was es tut, wirklich zählt, als sei es austauschbar, charakterlos, als habe es nichts Eigenes, wofür man es lieben könnte.«[24] Man weiß aus der Säuglingsforschung, »dass ein Kind, das ohne Liebe und Zuwendung ist, sterben kann. Verhindern wir, dass unsere Kinder sich rettungslos verloren fühlen, damit sie nicht zu Menschen ohne Selbst werden müssen. Solche Menschen halten es, wenn sie erwachsen werden, immer mehr für notwendig, Feinde zu finden, um

20 | R. Clement/P.E. Jöris, a.a.O., 237.

21 | Vgl. ebd.

22 | Ebd.

23 | Vgl. A. Honneth, Kampf um Anerkennung. Zur moralischen Grammatik sozialer Konflikte, Frankfurt 1994.

24 | A. Bohmeyer, Jenseits der Diskursethik. Christliche Sozialethik und Axel Honneths Theorie sozialer Anerkennung, Münster 2006, 156.

den inneren abgewiesenen Teil außerhalb von sich selbst zu finden, um ihn zu bestrafen und auch zu töten.«[25]

Neben der Anerkennung durch Liebe und Freundschaft bedarf es der Anerkennung durch das Recht. Durch diese Anerkennung werden wir Träger von Rechten.[26] Und schließlich ist noch die Anerkennungssphäre sozialer Wertschätzung zu nennen. In dieser Sphäre erhalten Individuen aufgrund ihrer individuellen Praktiken dadurch Anerkennung, dass sie einen besonderen Beitrag für die Gesellschaft leisten. Hier gilt vor allem das Leistungsprinzip.[27] Zudem bedarf es der Anerkennung von Gruppenidentitäten, mithin der Anerkennung religiöser und kultureller Identitäten.

All diese Anerkennungssphären sind Sphären sozialer Freiheit. Wird eine von ihnen absolut gesetzt oder zerstört, wird bspw. die Anerkennungssphäre der Liebe und des Rechts durch die der Leistungsgerechtigkeit zugedeckt, dann entstehen in nachmodernen Gesellschaften Pathologien.[28]

3. Humanes Leben

Die stärkste Kraft gegen den Nihilismus ist ein humanes Leben. Humanes Leben besitzt ein Bewusstsein davon, dass ein »gelingendes Leben [...] kein glückliches Leben sein« muss.[29] Ein gelingendes, sinnvolles Leben ist ein Leben endlicher und verletzlicher Lebewesen, die ein genaues Wissen davon haben, dass ihr Leben endlich und dass ihr Zustand verletzlich ist.[30] Von diesem Wissen

25 | A. Gruen, a.a.O., 81.

26 | Vgl. dazu: A. Honneth, Kampf um Anerkennung, a.a.O.

27 | Vgl. ders., Das Ich im Wir. Studien zur Anerkennungstheorie, Frankfurt 2010, 78-102.

28 | Vgl. ders., Kampf um Anerkennung, a.a.O.; ders. (Hg.), Pathologie des Sozialen. Die Aufgaben der Sozialphilosophie, Frankfurt 1994.

29 | M. Seel, Versuch über die Form des Glücks, Frankfurt 1999, 123.

30 | Vgl. ebd., 83.

ist sinnvolles Leben immer berührt.[31] Dieses Berührtsein ist es, was die Humanität des menschlichen Lebens auszeichnet. »Humanität« stammt von »humare«: bestatten, beerdigen, begraben. Damit ist die Fähigkeit bezeichnet, den Anderen begraben und sich seiner erinnern zu können.[32] In der trauernden Erinnerung wird die Würde des Toten über seinen Tod hinaus gerettet. Mit der Humanität konfrontiert zu werden heißt, mit Erde, mit Humus, mit Schmutz, mit Bestattung konfrontiert zu werden. Für ein humanes Leben benötigen Menschen nicht nur Möglichkeitskompetenz, sondern auch Endlichkeitskompetenz, und diese erlangt man nicht ohne die Einsicht, dass der Mensch sterblich ist. Die Dichterin Mascha Kaléko führt uns das Schwergewicht dieser Humanität deutlich vor Augen[33]:

»Vor meinem eignen Tod ist mir nicht bang,
Nur vor dem Tode derer, die mir nah sind.
Wie soll ich leben, wenn sie nicht mehr da sind?

Allein im Nebel tast ich todentlang
Und laß mich willig in das Dunkel treiben.
Das Gehen schmerzt nicht halb so wie das Bleiben.

Der weiß es wohl, dem gleiches widerfuhr;
– Und die es trugen, mögen mir vergeben.
Bedenkt: den eignen Tod, den stirbt man nur,
Doch mit dem Tod der andern muß man leben.«

(Mascha Kaléko)

31 | Vgl. ebd.

32 | Vgl. zu diesen und den folgenden Ausführungen: J. Manemann, Rettende Erinnerung an die Zukunft. Essay über die christliche Verschärfung, Mainz 2004, 34-35.

33 | M. Kaléko, Memento, in: dies., Verse für Zeitgenossen, Reinbek 1980, 9.

Wer fragt, was ein humanes Leben ist, der ahnt, dass die Vorstellung falsch ist, mit dem Tod sei alles vorbei, denn mit dem Tod des Anderen hört der Tod nicht auf. Mit ihm fängt er erst an:

> »Der Tod ist nicht vorbei, wenn einer tot ist, wenn
> wenn einer tot ist, fängt er in gewisser Weise überhaupt erst an, der Tod. [...] Der Tod aber endet nicht damit, daß einer endet. Damit beginnt er, die Wache, damit beginnt die Schlaflosigkeit, jenseits der Traumdeutung, der Schlafwandel in ein Gehäuse.«[34]

Humanität bedeutet, der Tragik des Lebens standzuhalten.

Das Buch »Nichts« endet mit den Sätzen: »Wenn sterben so leicht ist, dann deshalb, weil der Tod keine Bedeutung hat. [...] Und wenn der Tod keine Bedeutung hat, dann deshalb, weil das Leben keine Bedeutung hat.«[35]

Leben bedeutet immer zu überleben, nach dem Tod und mit dem Tod anderer zu leben. In diesem Horizont entspannt sich das, was ein gelingendes, ein sinnvolles Leben genannt wird. Angesichts des Dschihadismus bedarf es deshalb einer Politik, die, wie die Philosophin Martha Nussbaum im Anschluss an Mahatma Gandhi gefordert hat, den Zusammenhang zwischen dem psychologischen Gleichgewicht und dem politischen Gleichgewicht wahrnimmt. Der politische Kampf um Freiheit und Gleichheit ist nämlich, so Gandhi, »zuallererst ein Kampf [...], der im Innersten eines Menschen ausgefochten wird, da Mitgefühl und Respekt im Widerstreit mit Angst, Gier und narzisstischer Aggressivität liegen«[36].

Gewalt, wie sie im Dschihadismus verherrlicht wird, ist eine Reaktion auf Angst vor der eigenen Schwäche und Verletzlichkeit. In Abwandlung einer bekannten Aussage des Philosophen Jean-Paul Sartre über den Antisemiten lässt sich festhalten: Der Dschihadist

---

34 | M. Mayer, Totenwache, Wien 2001, 55.

35 | J. Teller, a.a.O., 139.

36 | M. Gandhi zit. n.: M.C. Nussbaum, Nicht für den Profit! Warum Demokratie Bildung braucht, Überlingen 2012, 45.

ist ein Mensch, der Angst hat. Nicht vor den Ungläubigen, gewiss: vor sich selbst, vor seiner Endlichkeit, vor seiner Verletzlichkeit, vor seinem Bewusstsein, vor seiner Freiheit, vor seinen Trieben, vor seiner Verantwortung, vor der Einsamkeit, vor der Gesellschaft und der Welt, vor allem, außer den Ungläubigen. Er ist ein Feigling, der seine Feigheit nicht eingestehen will. Dschihadismus ist die Furcht vor dem Menschsein.[37]

Worauf es ankommt, sind Lebensformen, »die jungen Leuten die Botschaft vermitteln, dass alle Menschen verletzlich und sterblich sind und dass dieser Aspekt des menschlichen Lebens nicht hassenswert und abzulehnen ist, sondern [das menschliche Leben auszeichnet und, J.M.] durch gegenseitige Anerkennung und Hilfe aufgefangen werden kann«[38]. Eine Gesellschaft, in der Menschen Menschlichkeit als Schwäche erfahren, produziert einen Hass auf das Eigene.[39] So wird ein Milieu geschaffen, in dem Menschen das Leben verachten und sich dem Tode weihen.[40] Solche Menschen sind unfähig, den Widerfahrnissen des Lebens standzuhalten: »Es schmerzt uns, was in der Welt geschieht. Leider glauben viele, dass nur Mittel, die noch mehr Schmerz verursachen, die Welt retten können.«[41] Deshalb ist die Kernfrage die »nach dem Umgang mit der eigenen Verwundbarkeit«[42]. Endlichkeitskompetenz beinhaltet die paradoxe Erfahrung, »den Schrecken des Sterbens [zu, J.M.] durchleben, um lebendig zu sein. Wer dies nie gewagt hat, wird sich ständig vor dem Leben fürchten, das er nicht gelebt hat.«[43]

---

37 | In direkter Anlehnung an J.-P. Sartre formuliert: J.-P. Sartre, Überlegungen zur Judenfrage, Reinbek 1994, 35/36.

38 | M.C. Nussbaum, a.a.O., 50.

39 | Vgl. A. Gruen, a.a.O., 15.

40 | Vgl. ebd.

41 | Ebd., 20.

42 | Ebd., 61.

43 | Ebd.

VII. Unterwegs zu einer leidempfindlichen Politik

Die Antwort auf den Dschihadismus ist eine leidempfindliche Politik. Politik im emphatischen Sinn gründet in dem Wissen, dass Menschen als politische Subjekte zuallererst einen Körper haben, der dem Schmerz, der Grausamkeit, der Furcht ausgesetzt ist.[1] Politik bedarf deshalb der Bereitschaft, einander als empfindungsfähige Wesen anzuerkennen, und der Fähigkeit, sich in die Position des Anderen, vor allem des Opfers, hineinzuversetzen.[2]

Aus der Perspektive einer leidempfindlichen Politik ergeht an eine liberal-demokratische Gesellschaft die Forderung, sich angesichts der Bedrohung durch den Dschihadismus auf ihre Wurzeln zu besinnen. Zu denen gehört nicht der Wirtschaftsliberalismus, sondern, wie die Politologin Judith Shklar dargestellt hat, »die aus tiefsten Schrecken geborene Überzeugung der frühesten Verfechter der Tolerierung, dass Grausamkeit ein absolutes Böses ist, ein Vergehen gegen Gott oder gegen die Menschheit«[3]. Aber eine leidempfindliche Politik bleibt dabei nicht stehen, sie drängt auf eine Transformation der Gerechtigkeit in Permanenz. Motor dieser Transformation ist die Verantwortung gegenüber dem Anderen. Die damit einhergehende Herausforderung hat Theodor W. Adorno in dem Satz zusammengefasst, dass das Medium wirklicher Gerech-

1 | Vgl. J. Shklar, Der Liberalismus der Furcht, Berlin 2013, 141.

2 | Vgl. ebd., 145.

3 | Ebd., 32.

tigkeit die Ungerechtigkeit ist. Dieser Satz ist in einem zweifachen Sinne zu verstehen. In einer liberalen Demokratie wird Gerechtigkeit im Allgemeinen im Sinne der Gleichheit verstanden. Gleichheit heißt, jeden gleich zu behandeln, jedem die gleichen Chancen zu eröffnen. Wenn jedoch der Andere immer durch die Brille der Gleichheit betrachtet wird, so erscheint er immer als der verallgemeinerte Andere. Dadurch wird er jedoch seiner Einzigartigkeit und damit seiner Identität beraubt. In diesem Sinne gilt, dass das Medium der Gerechtigkeit immer auch die Ungerechtigkeit ist.

Damit der konkrete Mensch in den Blick der Politik kommt, muss das Verständnis von Gerechtigkeit im Sinne der Gleichheit immer wieder durch den Versuch aufgebrochen werden, dem konkreten Anderen gerecht zu werden. Aus diesem Grund wurzelt eine leidempfindliche Politik in einem individuellen Gerechtwerden.[4] »Individuelles Gerechtwerden heißt hier, mit dem anderen gegen das zu reagieren, wogegen er leidend und klagend reagiert.«[5] In dieser Aufforderung ist der Imperativ enthalten, die Theorie und Praxis von der Gerechtigkeit bzw. Gleichheit in der liberalen Gesellschaft immer wieder neu im Blick auf den konkreten Menschen in seiner unendlichen Würde zu befragen. Und so ergeht die Forderung, die Eigenperspektive des Individuums zu berücksichtigen. Durch das Hörbarwerden der Klagen des Anderen, mit denen dieser auf eine eingewöhnte Gleichheitspraxis reagiert, wird Gerechtigkeit immer gerechter.[6] Auch in diesem Sinne gilt: »Ungerechtigkeit ist das Medium wirklicher Gerechtigkeit«.[7] Gerechtigkeit im Sinne individuellen Gerechtwerdens basiert auf Leidempfindlichkeit.

Leidempfindliche Politik besitzt ein Wissen darum, dass es heute nicht mehr reicht, sich im Blick auf Gerechtigkeit mit der Frage zu befassen, »welche Ansprüche als normativ gerechtfertigt und ge-

---

4 | Vgl. dazu: C. Menke, Spiegelungen der Gleichheit, Berlin 2008, 38.

5 | Ebd.

6 | Vgl. ebd., 38f.

7 | T.W. Adorno, Minima Moralia, a.a.O., 95.

recht zu betrachten sind«[8]. Es kommt auf einen »lebendigen Sinn für Ungerechtigkeit« (B. Liebsch) an. Der lebendige Sinn für Ungerechtigkeit befasst sich mit der Frage, »ob, wie und durch wen es überhaupt zur Wahrnehmung und Artikulation von Ansprüchen kommt oder nicht kommt«[9]. Es geht in diesem Sinn für Ungerechtigkeit auch um eine Ungerechtigkeit, »die womöglich im Zustandekommen einer Frage nach Gerechtigkeit selber liegt«[10], insofern etwa die Stimmen unsichtbarer Anderer oder auch nur deren Existenz keine Rolle spielen. Es geht nicht einfach um den Ausgleich konfligierender Interessen, die sich ja auf bereits artikulierte Ansprüche beziehen.[11] Sinn für Ungerechtigkeit heißt nicht, empirisch das als ungerecht zu bezeichnen, was bereits als Ungerechtigkeit vorliegt. Der Sinn für Ungerechtigkeit, um den es hier geht, bringt Ungerechtigkeit erst zum Vorschein.[12]

Der »lebendige Sinn für Ungerechtigkeit« (B. Liebsch) ist der Motor des Politischen: »Wir wissen alle, dass sie da sind. [...] Dass sie für uns arbeiten. Und keine Papiere haben. Illegal sind.« – so schreibt Björn Bicker in seinem Buch über die Illegalen. Dort heißt es:

»du sagst asyl. Sie schicken dich nach hannover in ein lager. sie fragen hast du eine quittung dass sie dich gefoltert haben. du verstehst nicht was sie meinen, eine quittung, dass sie dich gefoltert haben. eine quittung von wem. was weiß ich. nachweis. von der polizei. zum beispiel. du sagst die haben dich geschlagen. wo steht das. nirgends. schlecht. hier ist das drin in deinem kopf. erinnerung ist lüge. das genügt nicht. das kann jeder sagen. quittung. der beamte hat wirklich gesagt quittung. jeder kann das sagen ich

8 | B. Liebsch, Der Sinn der Gerechtigkeit im Zeichen des Sinns für Ungerechtigkeit, in: I. Kaplow/C. Lienkamp (Hg.), Sinn für Ungerechtigkeit. Ethische Argumentationen im globalen Kontext, Baden-Baden 2005, 11-39, 23.

9 | Ebd., 23.

10 | Ebd.

11 | Vgl. ebd.

12 | Vgl. ebd.

bin gefoltert worden. sie sagen die zeitung ist gefälscht. sie sagen du hast dich vorbereitet. du kannst unsere sprache. sie sagen du hast nur einen plan: in deutschland bleiben. du sagst dass du eine schule besucht hast. du erzählst von deinem lehrer. sie sagen das interessiert uns nicht.

warum haben sie dir nicht den roten teppich ausgerollt. sie reden von demokratie und freiheit und rechten. du hast tote männer aus dem staub geborgen. du hast kinder in erdlöchern versteckt damit sie das gas nicht einatmen. du hast geschossen. du hast gekämpft. für die freiheit. und als sie dir gesagt haben kämpf weiter. für allah. hast du nein gesagt. und dann bist du teuer geworden. und dann bist du weg. die einzige frage aber ist wirst du abgeschoben oder wirst du nicht abgeschoben. sie haben deinen vater umgebracht. deine schwester. sie haben dich gesucht in allen häusern deiner stadt. hier sagen sie der bürgerkrieg ist vorbei. diese leute die den tod nicht kennen. Am morgen der brief in rosa papier. warum verpacken die dein todesurteil in rosa papier. warum verpacken die dein todesurteil in einen rosafarbenen umschlag. der brief liegt verschlossen auf einem klappigen campingtisch. du weißt nicht was in diesem brief steht. es könnte die ablehnung sein. was macht dieser brief mir dir du stehst stundenlang da und schwitzt. du traust dich nicht diesen brief zu öffnen. du rufst deinen freund. dein freund wohnt auch im container. sein land hat einen schönen namen: liberia. ihr steht beide da und starrt auf den brief. dein freund sagt. mach ihn auf. du gehst raus. durch den regen. kommst zurück. dein freund sitzt in der ecke und weint. der brief liegt da und du fragst: wer ist so mächtig.«[13]

Politik entsteht im emphatischen Sinne erst dort, wo diejenigen, die keinen Anteil an der Gesellschaft haben, die sichtbar und doch unsichtbar sind, die zwar eine Stimme haben, aber über keine Sprache verfügen, die gehört wird, sich unüberhörbar zu Wort melden, sich unübersehbar zeigen. Es ist diese Unterbrechung, durch die eine Bresche in die Gesellschaft hineingeschlagen wird und die

13 | B. Bicker, illegal. wir sind viele. wir sind da, München 2009, 19.

dazu zwingt, neu nach dem, was Gerechtigkeit ist, zu fragen.[14] Alle Politik hat ihren Ursprung in dieser Unterbrechung, darin, dass der Schrei nach Gerechtigkeit angesichts erfahrenen Unrechts laut wird. Insofern gilt:

Das Politische zu kennen, heißt wissen, was ungerecht ist.

Aber weiß die Europäische Union noch, was ungerecht ist, wenn sie eine *Europäische Agentur für die operative Zusammenarbeit an den Außengrenzen* (Frontex) ins Leben gerufen hat, um Menschen daran zu hindern, nach Europa zu kommen und ihre Menschenwürde einzuklagen? Der Sinn für Ungerechtigkeit schwindet, wenn Menschen ohne Arbeit »Hartz-IV-Häppchen« erhalten und die Banken Milliarden. Diese Anfragen zeigen, dass das Politische abhanden zu kommen droht. Aber es gibt gegenstrebige Entwicklungen, und zwar von unten: eine Bewegung für Flüchtlinge. Wenn das Politische zu kennen heißt, zu wissen, was ungerecht ist, dann ist Leidempfindlichkeit die Bedingung aller Politik.

14 | Vgl. J. Rancière, Das Unvernehmen. Politik und Philosophie, Frankfurt 2002.

Ausblick: Im Angesicht des Feindes

Wie aber handeln, wenn leidempfindliche Politik auf das radikal Böse trifft? Unter dem »radikal Bösen« wird in Anlehnung an den Philosophen Avishai Margalit die Zurückweisung der Prämisse bezeichnet, »auf der jegliche Moral basiert, nämlich unser gemeinsames Menschsein«[1]. Vom radikal Bösen ist zu sprechen, wenn Menschen nicht mehr wie Menschen behandelt werden, wenn Menschen nicht mehr nur als verachtenswerte Menschen betrachtet werden, sondern als Nichtmenschen. Margalit beschreibt das radikal Böse mit dem Bild eines Basketballspiels: Ein Foul im Spiel ist eine schlimme Sache. Doch Regelverletzungen sind Teil des Spiels. »Wer dagegen die beiden Körbe zerstört, der zerstört das Spiel. Er richtet sich gegen die Möglichkeit des Spiels schlechthin. [...] Ein Anschlag auf die Idee gemeinsamen Menschseins gleicht der Zerstörung der Körbe.«[2]

Hier endet nicht nur die Kompromissfähigkeit der Politik, sondern hier endet Politik. Gegen solche Gewalt muss militärische Gewalt eingesetzt werden. Politik im ursprünglichen und emphatischen Sinne hat aber nichts mit Krieg zu tun. Bereits für Aristoteles war es vollkommen klar, dass Politik kein Despotentum ist, dass Politik dort aufhört, wo Despotentum beginnt. Der Theologe und Philosoph Thomas von Aquin, der an Aristoteles anknüpfte, verstand Politik als Friedenspolitik. Erst im Zuge der Neuzeit wurde Politik zunehmend dieser moralischen Qualität beraubt. Politik wurde mehr und mehr zum reinen Herrschaftsinstrument. Es

1 | A. Margalit, Über Kompromisse und faule Kompromisse, Berlin 2011, 32.

2 | Ebd., 80.

gehört zu den Zeichen der Zeit, Politik wieder als Friedenspolitik zu begreifen. Politik hat nichts mit Krieg und auch nichts mit Vernichtung zu tun. Der Philosoph Burkhard Liebsch hat darauf aufmerksam gemacht, dass das politische Feld verlassen wird, sobald jemandem das Recht zu existieren abgesprochen wird.[3] Aus diesem Grund ist die Leitidee der Politik nicht der gerechte Krieg, sondern der gerechte Frieden.

Der Dschihadismus unterteilt die Menschen in Freunde und Feinde, Gläubige und Ungläubige. Seine Welt ist dualistisch, aufgefächert in Gut und Böse, Licht und Finsternis. Die Anziehungskraft solcher Stereotypen resultiert aus der Einfachheit, mit der die Welt zergliedert wird.[4] Dschihadismus setzt auf die Naturalisierung der Feindschaft. Dabei ist Feindschaft »Resultante einer vorgängigen Verfeindung [...], durch die verfeindet *wird*, was niemals ›an sich‹ verfeindet *ist*«.[5] Es gibt also »weder ›natürliche‹ noch ›objektive‹ [...] zur Feindschaft verurteilte Wesen [...]«.[6] Feinde werden gezeitigt.[7] Im Zeitalter der Feindschaft kommt dem Imperativ »Liebe Deinen Feind!« eine große Bedeutung zu. Dieses Gebot ist Ausdruck der Weigerung, den Feind als absoluten zu denken; es fordert dazu auf, ihn als zeitweiligen Hasser zu verstehen. Das heißt, dass es im Feind immer auch den Anderen mitzuentdecken gilt, »für den man noch im Exzess kollektiver Verfeindung eine nicht abzuwerfende Mit-Verantwortung trägt«[8]. Sogar angesichts des Feindes muss der Anspruch auf Gerechtigkeit eingefordert werden. Dennoch: Es gibt Feinde, und Feinde müssen notfalls mit dem Militär bekämpft werden. Worauf es ankommt, ist, den Feind nicht in alle Ewigkeit zum Feind zu erklären. Worauf es ankommt, ist, die Hoffnung nicht aufzugeben, dass der Feind nur Feind auf Zeit ist.

---

3 | B. Liebsch, Gastlichkeit und Freiheit, a.a.O., 167.

4 | Vgl. ebd.

5 | Ebd., 207, Hervorhebung im Original.

6 | Ebd.

7 | Vgl. ebd.

8 | Ebd., 244.

Von hier aus wäre auch ein Verständnis eines friedlichen Monotheismus zu entwickeln. Gegenüber dualistischen Freund-Feind-Politiken würde ein solcher Monotheismus darauf hinweisen, dass jeglicher Dualismus mit dem biblischen und islamischen Glauben an den einen und einzigen Gott unvereinbar ist. Dieser Glaube ist durch und durch antidualistisch. Die fundamentale kulturelle Funktion des Monotheismus besteht in dem Bekenntnis zu einem einzigen Gott, das den Grund dafür legt, »die Wirklichkeit als Einheit zu begreifen und für die Menschheit mit einer universalen Geschichte zu rechnen«[9]. Der Sinn des Monotheismus liegt demnach nicht in der bloßen Behauptung, »daß es nur einen Gott gebe statt vieler, sondern in seiner Bestimmung der menschlichen Welt: daß sie nicht gespalten sein soll im Widerstreit göttlicher Mächte und in der Verteilung unterschiedlicher Herrschaftsregionen, nicht zerrissen in einem unüberwindbaren Dualismus von Licht und Finsternis, von gutem und bösem Sein, nicht endgültig pluralisiert in der antagonistischen Selbstbehauptung der Völker«[10].

Der Friedenspreisträger des deutschen Buchhandels 2015, der Schriftsteller Navid Kermani, adressiert folgende Forderung an die Muslime: »Vor allem aber liegt es an uns, dem höchsten Gebot des Islams, der Barmherzigkeit, wieder Geltung zu verschaffen. ›Wahrlich, erhebst du auch deine Hand gegen mich, um mich totzuschlagen, so erhebe ich doch nicht meine Hand gegen dich, um dich zu erschlagen‹ – das werden heute die meisten für die Bergpredigt halten, ist aber doch unserer eigener Koran, Sure 5,28.«[11]

---

9 | H. Zirker, Monotheismus und Intoleranz, in: K. Hilpert/J. Werbick (Hg.), Mit den Anderen leben. Wege zur Toleranz, Düsseldorf 1995, 95-117, 95.

10 | Ebd., 95/96.

11 | A. Rossmann, »Navid Kermanis Koran-Exegese«, in: Frankfurter Allgemeine Zeitung v. 16.01.2015.

Dank

Mein Dank gilt Dominik Hammer für wertvolle Hinweise. Zu Dank verpflichtet bin ich auch Anna Maria Hauk für die Hilfe bei der Korrektur, Greta Jasser für die Erstellung des Literaturverzeichnisses und nicht zuletzt dem transcript Verlag für die Unterstützung dieses Projekts.

Hannover, 24. September 2015
Jürgen Manemann

Literatur

Abdel-Samad, H., Der islamische Faschismus. Eine Analyse, München 2014.

Abu Hamsa, Ahmed, »Es sind Lügner und Heuchler«. Ahmed Abu Hamsa war Kommandeur beim »Islamischen Staat«, in: Die Zeit v. 18.09.2015.

Adorno, T.W., Negative Dialektik, Frankfurt [3]1982.

Adorno, T.W., Minima Moralia. Reflexionen aus dem beschädigten Leben, Frankfurt 1987.

Assheuer, T., Piraten der neuen Welt, in: Die Zeit v. 27.11.2001.

Ata, M., Der Teufel reitet uns Bruder, in: Frankfurter Allgemeine Zeitung v. 02.12.2014.

Backes, U./Jesse, E. (Hg.), Gefährdungen der Freiheit. Extremistische Ideologien im Vergleich, Göttingen 2006.

Berliner Verfassungsschutz, Dennis Cuspert. Eine jihadistische Karriere. Lageanalyse, Berlin 2014.

Berndt, C., Resilienz. Das Geheimnis der psychischen Widerstandskraft. Was uns stark macht gegen Stress, Depressionen und Burnout, München 2013.

Beydoun, A., Der Tod ist die Botschaft, in: ZEITdokument 2/2001.

Bicker, B., illegal. wir sind viele. wir sind da, München 2009.

Bohmeyer, A., Jenseits der Diskursethik. Christliche Sozialethik und Axel Honneths Theorie sozialer Anerkennung, Münster 2006.

Bremer, H.-H., Frankreich und der Dschihad, in: www.tagesspiegel.de/politik/frankreich-und-der-dschihad-zweiter-franzose-auf-is-enthauptungsvideo-identifiziert/11008380.html (letztes Zugriffsdatum: 04.09.2015).

Bullio, C.v., Ganz unten gibt es keine Skrupel, in: Süddeutsche Zeitung v. 24.03.2009.

Bundesamt für Verfassungsschutz, Studie: Dschihadisten aus Deutschland sind wenig gebildet, in: www.n24.de/n24/Nachrichten/Politik/d/5381614/dschihadistenausdeutschlandsindweniggebildet.html (letztes Zugriffsdatum: 05.08.2015).

Buse, U./Kuntz, K., Was Gott zulässt, in: Der Spiegel 27/2015.

Busse, N., Arbeitslose und Straftäter ziehen in den heiligen Krieg, in: Frankfurter Allgemeine Zeitung v. 27.11.2014.

Casper, B./Sparn, W. (Hg.), Alltag und Transzendenz, München/Freiburg 1992.

Clement, R./Jöris, P.E., Die Terroristen von nebenan. Gotteskrieger aus Deutschland, München 2010.

Crooke, A., The ISIS' ›Management of Savagery‹ in Iraq, in: www.huffingtonpost.com/alastair-crooke/iraq-isis-alqaeda_b_5542575.html (letztes Zugriffsdatum: 25.08.2015).

Dantscke, C., »Videoclips aus dem Krieg«, in: Süddeutsche Zeitung v. 04.11.2014.

Deutsch-Dschihadist im Interview mit Jürgen Todenhöfer: »Werden weiter Menschen köpfen«, in: http://web.de/magazine/politik/deutschdschihadistinterviewjuergentodenhoefermenschenkoepfen30361734 (letztes Zugriffsdatum: 26.04.2015).

Deutsche Dschihadisten werden vom IS verheizt, in: www.faz.net/aktuell/politik/inland/75-deutsche-sterben-fuer-den-islamischen-staat-13467097.html (letztes Zugriffsdatum: 13.04.15).

Diner, D., Gestaute Zeit. Massenvernichtung und jüdische Erzählstruktur, in: D. Diner (Hg.), Kreisläufe: Nationalsozialismus und Gedächtnis, Berlin 1995.

Downey, J.K./Manemann, J./Ostovich, S.T., Missing God? Cultural amnesia and political theology, Berlin 2006.

Eagleton, T., Was ist Kultur? Eine Einführung, München 2001.

Enzensberger, H.M., Aussichten auf den Bürgerkrieg, Frankfurt [4]1994.

Enzensberger, H.M., Auch das Menschenopfer, eine uralte Gewohnheit der Spezies, erfährt seine Globalisierung. Die Wiederkehr des Menschenopfers, in: Frankfurter Allgemeine Zeitung v. 18.09.2001.

Ex-Gefangener des IS: »Sie schauen die gleichen Filme«, in: www.spiegel.de/politik/ausland/exgeiselvonjihadijohnnicolashenin ueberdenisa1022670.html (abgerufen: 26.04.2015).

Federl, F., Pop-Dschihad. Männlich, muslimisch, jung gesucht, in: Der Tagesspiegel v. 23.01.2015.

Finkielkraut, A., Verlust der Menschlichkeit. Versuch über das 20. Jahrhundert, Stuttgart 1999.

Frauen für den Dschihad. Das Manifest der IS-Kämpferinnen. Mit einem Kommentar von H. Mohagheghi, Freiburg 2015.

Fromm, E., Die Kunst des Liebens, München 1980.

Gaertner, J., »Ich bin voller Hass – und das liebe ich!«. Dokumentarischer Roman. Aus den Original-Dokumenten zum Massaker an der Columbine Highschool, Berlin 2009.

Glucksmann, A., Hass. Die Rückkehr einer elementaren Gewalt, München/Wien 2005.

Goldmann, N., Was Österreich gegen Dschihadismus tut, in: http://religion.orf.at/stories/2717611/ (letztes Zugriffsdatum: 08.08.2015).

Gruen, A., Wider den Terrorismus, Stuttgart 2015.

Gruhl, M., Die Strategie der Steh-auf-Menschen. Krisen meistern mit Resilienz, Freiburg 2010.

Gürses, H., Funktionen der Kultur. Zur Kritik des Kulturbegriffs, in: S. Nowotny (Hg.), Grenzen des Kulturkonzepts: Meta-Genealogien, Wien 2003, 13-34.

Dambeck, H./Diez, G./Hengst, B./Amalia, J./Rohr v., M./Salden, S./Shafy, S./Stark, H./Truckendanner, P./Windmann, A., »Das waren gute Kinder«, in: Der Spiegel 04/2015.

Habermas, J., Glauben und Wissen. Friedenspreis des Deutschen Buchhandels 2001, Frankfurt 2001.

Hacker, F., Das Faschismus-Syndrom. Analyse eines aktuellen Phänomens, Frankfurt 1992.

Hansen, H./Kainz, P., Radical Islamism and Totalitarian Ideology. A Comparison of Sayyid Qutb's Islamism with Marxism and National Socialism, in: Totalitarian Movements and Political Religions, Jg. 8, Heft 1, 2007, 55-76.

Hassan, H., Isis has reached new depth of depravity. But there is a brutal logic behind it, in: www.theguardian.com/world/2015/feb/08/isis-islamic-state-ideology-sharia-syria-iraq-jordan-pilot (letztes Zugriffsdatum: 27.08.15).

Heitmeyer, W. (Hg.), Deutsche Zustände. Folge 1, Frankfurt 2002.

Heitmeyer, W. (Hg.), Deutsche Zustände. Folge 3, Frankfurt 2005.

Heitmeyer, W. (Hg.), Deutsche Zustände. Folge 4, Frankfurt 2006.

Hickmann, C., »Um den anderen geht's mir nicht«, in: Süddeutsche Zeitung v. 04.03.2006.

Hilpert, K./Werbick, J.(Hg.), Mit den Anderen leben – Wege zur Toleranz, Düsseldorf 1995.

Hirscher, G./Jesse, E. (Hg.), Extremismus in Deutschland. Schwerpunkte, Vergleiche, Perspektiven, Baden-Baden 2013.

Hoffman, B., Terrorismus – der unerklärte Krieg. Neue Gefahren politischer Gewalt, Bonn 2007.

Honneth, A., Das Ich im Wir. Studien zur Anerkennungstheorie, Frankfurt 2010.

Honneth, A., Kampf um Anerkennung. Zur moralischen Grammatik sozialer Konflikte, Frankfurt 1994.

Honneth, A., Pathologien des Sozialen. Die Aufgaben der Sozialphilosophie, Frankfurt 1994.

IS-Frauen foltern mit dem »Beißer«, in: www.n-tv.de/politik/IS-Frauen-foltern-mit-dem-Beisser-article14460851.html (letztes Zugriffsdatum: 05.09.2015).

Joffe, J., Fluch der Ideologie, in: Die Zeit v. 15.01.2015.

Jugendlicher aus München: 13-Jähriger wollte zum IS nach Syrien, in: www.spiegel.de/politik/deutschland/muenchen-13-jaehriger-wollte-is-kaempfer-werden-a-1045914.html (letztes Zugriffsdatum: 04.08.2015).

Kaddor, L., Zum Töten bereit. Warum deutsche Jugendliche in den Dschihad ziehen, München 2015.

Kaléko, M., Verse für Zeitgenossen, Reinbek 1980.

Kaplow, I./Lienkamp, C. (Hg.), Sinn für Ungerechtigkeit. Ethische Argumentationen im globalen Kontext, Baden-Baden 2005.

Kermani, N., Dynamit des Geistes. Martyrium, Islam und Nihilismus, Göttingen 2002.

Kermani, N., »Religion ist eine sinnliche Erfahrung«, in: www.zeit.de/2015/34/navidkermanichristentumkunstunglaeubigesstaunen (letztes Zugriffsdatum: 06.09.2015).

Khosrokhavar, F., Prisons and Radicalization in France, in: Franceopendemocracy.net/farhad-khosrokhavar/prisons-and-radicalization-in-france (letztes Zugriffsdatum: 06.09.2015).

Klarić, T., Konvertiten als Jihadisten, in: Ministerium des Inneren des Landes Brandenburg (Hg.), Islamistischer Extremismus, Konvertiten und Terrorismus. Bedrohungen im Wandel. Eine Veranstaltung des Verfassungsschutzes am 26. November 2009 in Potsdam, 34-41.

Kraitt, T., Der Dschihad in Wien, in: https://www.falter.at/falter/2014/08/12/der-dschihad-in-wien/ (letztes Zugriffsdatum: 08.08.2015).

Kron, T./Reddig, M., Analysen des transnationalen Terrorismus. Soziologische Perspektiven, Wiesbaden 2007.

Kühne, C., Der »Heilige Krieg« im 21. Jahrhundert. Genese, Prämissen und Logik der modernen Dschihad-Doktrin, in: www.ipw.rwth-aachen.de/for_select.html (letztes Zugriffsdatum: 21.08.2015).

Laing, R.D., Phänomenologie der Erfahrung, Frankfurt [13]1981.

Lambert, S., New York in Berlin: Deso Dogg aus Kreuzberg kriminell – jetzt kämpft er um seine Zukunft, in: Berliner Zeitung, v. 27.06.2004.

Levi, P., Ist das ein Mensch? – Die Atempause, München/Wien 1988.

Lichterbeck, P., Der Dschihadist aus Deutschland, in: Der Tagesspiegel v. 20.10.2008.

Liebsch, B., Der Sinn der Gerechtigkeit im Zeichen des Sinns für Ungerechtigkeit, in: I. Kaplow/C. Lienkamp (Hg.), Sinn für Ungerechtigkeit: Ethische Argumentationen im globalen Kontext, Baden-Baden 2005, 11-39.

Liebsch, B., Gastlichkeit und Freiheit. Polemische Konturen europäischer Kultur, Weilerswist 2005.

Lutterbach, H./Manemann, J. (Hg.), Religion und Terror. Stimmen zum 11. September aus Christentum, Islam und Judentum, Münster 2002.

Malik, J./Manemann, J. (Hg.), Religionsproduktivität in Europa. Markierungen im religiösen Feld, Münster 2009.

Manemann, J., Aktiver Nihilismus. Bemerkungen zur Terrorrationalität, in: H. Lutterbach/J. Manemann (Hg.), Religion und Terror: Stimmen zum 11. September aus Christentum, Islam und Judentum, Münster 2002, 112-118.

Manemann, J., Kritik des Anthropozäns. Plädoyer für eine neue Humanökologie, Bielefeld 2014.

Manemann, J., Rettende Erinnerung an die Zukunft. Essay über die christliche Verschärfung, Mainz 2005.

Manemann, J., Wie wir gut zusammen leben. 11 Thesen für eine Rückkehr zur Politik, Ostfildern 2013.

Manemann, J. (Hg.), Befristete Zeit. Jahrbuch Politische Theologie Bd. 3, Münster 1999.

Manemann, J./Arisaka, Y./Drell, V./Hauk, A.M., Prophetischer Pragmatismus. Eine Einführung in das Denken von Cornel West, München [2]2013.

Margalit, A., Über Kompromisse und faule Kompromisse, Berlin 2011.

Marneros, A., Blinde Gewalt. Rechtsradikale Gewalttäter und ihre zufälligen Opfer, Frankfurt 2005.

Mascolo, G., Klug, kriminell, großer Freundeskreis, in: Süddeutsche Zeitung v. 24.09.2015.

Mascolo, G./Kabisch, V./Musawy, A., Die Säulen des Bösen, in: Süddeutsche Zeitung v. 15.11.2014.

Mayer, M., Totenwache, Wien 2001.

Mehlkop, G./Graeff, P., Mord, Selbstmord und Anomie. Ein neuer Ansatz zur Operationalisierung und empirischen Anwendung des Anomiekonstruktes von Emile Durkheim, in: Sozialwissenschaften und Berufspraxis, Jg. 29, Heft 1, 2006, 59-69.

Meinhart, E./Zöchling, C., Dschihadisten in Österreich: Was sie treibt. Was sie wollen, in: www.profil.at/oesterreich/dschihadisten-oesterreich-was-was-377556 (letztes Zugriffsdatum: 08.08.2015).

Menke, C., Spiegelungen der Gleichheit. Politische Philosophie nach Adorno und Derrida, Frankfurt 2004.

Metz, J.B., Der Kampf um die verlorene Zeit. Unzeitgemäße Thesen zur Apokalyptik, in: J. Manemann (Hg.), Befristete Zeit. Jahrbuch Politische Theologie Bd. 3, Münster 1999, 213-221.

Ministerium für Inneres und Kommunales des Landes Nordrhein-Westfalen, Extremistischer Salafismus als Jugendkultur. Sprache, Symbole und Style, Düsseldorf 2015.

Ministerium des Inneren des Landes Brandenburg (Hg.), Islamistischer Extremismus, Konvertiten und Terrorismus. Bedrohungen im Wandel. Eine Veranstaltung des Verfassungsschutzes am 26. November 2009 in Potsdam.

Misik, R., Dschihadisten als Pop und Protestkultur. Wie wir Firas verloren haben, in: Tageszeitung v. 29.03.2015.

Mulligan, K., Schelers Herz – was man alles fühlen kann, in: www.unige.ch/lettres/philo/files/2714/2644/1524/mulligan_SchelerHerzRenz.pdf (letztes Zugriffsdatum: 20.08.2015).

N24: Sexsklaverei für den IS, in: www.n24.de/n24/Nachrichten/Politik/d/5386186/dschihadistinnen-sollen-bordelle-betreiben.html (letztes Zugriffsdatum: 06.09.2015).

Naji, A.B., The Management of Savagery: the most critical stage through which the Umma will pass. Translated by William McCants. John M. Olin Institute for Strategic Studies at Harvard University 2006.

Neiman, S., Das Böse denken. Eine andere Geschichte der Philosophie, Frankfurt 2006.

Neumann, P.R., A crisis of identity and the appeal of jihad, in: www.nytimes.com/2007/07/05/opinion/05iht-edneuman.1.6509818.html?_r=0 (letztes Zugriffsdatum: 12.08.2015).

Nolte, E., Der Faschismus in seiner Epoche. Action française. Italienischer Faschismus. Nationalsozialismus, München/Zürch [6]1984.

Nowotny, S., Grenzen des Kulturkonzepts. Meta-Genealogien, Wien 2003.

Nussbaum, M.C., Nicht für den Profit! Warum Demokratie Bildung braucht, Überlingen 2012.

Palaver, W., Terrorismus: Wesensmerkmale, Entstehung, Religion (2002), in: www.uibk.ac.at/theol/leseraum/texte/161.html#F_13 (letztes Zugriffsdatum: 26.04.2015).

Peci, I./Schröm, O./Gunst, J., Der Dschihadist. Terror made in Germany – Bericht aus einer dunklen Welt, München 2015.

Perone, U., Die Zweideutigkeit des Alltags, in: B. Casper/W. Sparn (Hg.) Alltag und Transzendenz 1992, Freiburg/München, 241-246.

Pohly, M./Duran, K., Osama bin Laden und der internationale Terrorismus, München 2001.

Prützel-Thomas, M., Neuer Terrorismus? – Die Debatte um die Einordnung des Djihadismus, in: U. Backes/E. Jesse, (Hg.) Gefährdungen der Freiheit: Extremistische Ideologien im Vergleich, Göttingen 2006, 477-492.

Quṭb, S., Milestones. Maʿālim fịʿṭ-arīq, Neu Dehli 2014.

Rancière, J., Das Unvernehmen. Politik und Philosophie, Frankfurt 2002.

Rapp, T. in: Vom Gangsta-Rapper zum Islamisten: Die Karriere des Deso Dogg, Spiegel-TV v. 13.12.2014.

Reemtsma, J.P., Hässliche Wirklichkeit, in: Süddeutsche Zeitung v. 17.05.2010.

Reemtsma, J.P., Vertrauen und Gewalt. Versuch über eine besondere Konstellation der Moderne, Hamburg 2008.

Reuter, C., Die schwarze Macht. Der »Islamische Staat« und die Strategen des Terrors, München 2015.

Riedel, K./Kabisch, V., Dschihad rosarot, in: Süddeutsche Zeitung v. 26.06.2015.

Rossmann, A., »Navid Kermanis Koran-Exegese«, in: Frankfurter Allgemeine Zeitung v. 16.01.2015.
Roy, O., »Das sind einsame Wölfe«, in: Christ & Welt 3/2015.
Roy, O., »Hauptsache ein Held sein«. Spiegel-Gespräch, in: Der Spiegel 4/2015, 90-92.
Roy, O., Heilige Einfalt. Über die politischen Gefahren entwurzelter Religionen, München 2010.
Said, B.T., Islamischer Staat. IS-Miliz, al-Qaida und die deutschen Brigaden, München 2014.
Sartre, J.-P., Überlegungen zur Judenfrage, Reinbek 1994.
Scheler, M., Grammatik der Gefühle. Das Emotionale als Grundlage der Ethik, München 2000.
Schneider, W. (Hg.), »Vernichtungspolitik«. Eine Debatte über den Zusammenhang von Sozialpolitik und Genozid im nationalsozialistischen Deutschland, Hamburg 1991.
Schuster, F./Boschert-Kimmig, R., Trotzdem hoffen. Mit Johann Baptist Metz und Elie Wiesel im Gespräch, Mainz 1993.
Seel, M., Versuch über die Form des Glücks. Studien zur Ethik, Frankfurt 1999.
Seidensticker, T., Islamismus. Geschichte, Vordenker, Organisationen, München 2014.
Setz, C.J., Das grelle Herz der Finsternis, in: Die Zeit v. 25.09.2014.
Shklar, J.N., Der Liberalismus der Furcht, Berlin 2013.
Sloterdijk, P., Eurotaoismus. Zur Kritik der politischen Kinetik, Frankfurt 1989.
Sofsky, W., Traktat über die Gewalt, Frankfurt 2005.
Sorg, E., Handbuch zum Weltuntergang, in: Frankfurter Allgemeine Sonntagszeitung v. 19.04.2015.
Sprekelsen, T., Wie man zum Fanatiker wird, in: Frankfurter Allgemeine Zeitung v. 23.09.2010.
Steiner, G., In Blaubarts Burg. Anmerkungen zur Neubestimmung der Kultur, Wien 1991.
Sydow, C., Hassvideo: IS-Kämpfer droht mit Anschlag von Schläfern in Deutschland, in: www.spiegel.de/politik/ausland/deso-

dogg-denis-cuspert-droht-mit-anschlaegen-des-is-in-deutschland -a-1028638.html (letztes Zugriffsdatum: 04.08.2015).

Avenarius, T./Leyendecker, H./Rühle, A./Wernicke, C., Euro-Dschihad, in: Süddeutsche Zeitung v. 12.01.2015.

Teller, J., Nichts. Was im Leben wichtig ist, München 2010.

Theweleit, K., Das Lachen der Täter: Breivik u.a. Psychogramm der Tötungslust, St. Pölten/Salzburg/Wien [2]2015.

Todenhöfer, J., Inside IS – 10 Tage im »Islamischen Staat«, München 2015.

Vahabzadeh, S., Jugend ohne Gott, in: Süddeutsche Zeitung v. 29.11.2014.

Walther, R., Die seltsamen Lehren des Doktor Carrel. Wie ein katholischer Arzt aus Frankreich zum Vordenker der radikalen Islamisten wurde, in: Die Zeit v. 31.07.2003.

West, C., Democracy matters. Winning the fight against imperialism, New York 2004.

Wood, G., What ISIS Really Wants, in: www.theatlantic.com/magazine/archive/2015/03/what-isis-really-wants/384980/ (letztes Zugriffsdatum: 11.08.2015).

Wurstmann, C., Die Blickrichtung der neueren Resilienzforschung. Wie Kinder Lebensbelastungen bewältigen, in: Zeitschrift für Pädagogik, Jg. 51, 2005, 192-206.

Wyschogrod, E., An Ethics of Remembering History, Heterology, and the Nameless Others, Chicago 1998.

Zaschke, C., Was motiviert die neuen Terroristen, in: Süddeutsche Zeitung v. 30.08.2014.

Zehnpfennig, B., Das Weltbild des Sayyid Qutb. Der Dschihad als Verwirklichung des richtigen Lebens, in: G. Hirscher/E. Jesse (Hg.), Extremismus in Deutschland: Schwerpunkte, Vergleiche, Perspektiven, Baden-Baden 2013, 331-340.

Zimmermann, R., Philosophie nach Auschwitz. Eine Neubestimmung von Moral in Politik und Gesellschaft, Reinbek 2005.

Zirker, H., Monotheismus und Intoleranz, in: K. Hilpert/J. Werbick (Hg.), Mit den Anderen leben – Wege zur Toleranz 1995, Düsseldorf, 95-117.